U0596763

【美】约翰·格雷 著
周建华 译

# 为爱，
# 重新出发

深圳出版社

## 图书在版编目（ＣＩＰ）数据

为爱，重新出发 / （美）约翰·格雷著；周建华译
. -- 深圳 : 深圳出版社 , 2024.9
ISBN 978-7-5507-3302-2

Ⅰ . ①为… Ⅱ . ①约… ②周… Ⅲ . ①婚姻－通俗读
物②恋爱－通俗读物 Ⅳ . ① C913.1-49

中国国家版本馆 CIP 数据核字 (2023) 第 211536 号

**版权登记号 图字: 19-2023-283 号**

本书中文简体字版由**广州知本家教育科技有限公司**授权**深圳出版社**在中国大陆地区（不包括香港、澳门特别行政区及台湾地区）独家出版发行。该出版权受法律保护，未经出版者书面许可，任何机构与个人不得以任何形式进行复制、转载。

# 为爱，重新出发

WEIAI, CHONGXIN CHUFA

| | |
|---|---|
| 出 品 人 | 聂雄前 |
| 项目策划 | 武向阳 |
| 责任编辑 | 叶小丽　易晴云 |
| 责任校对 | 万妮霞 |
| 责任技编 | 郑　欢 |
| 装帧设计 | 字在轩 |

| | |
|---|---|
| 出版发行 | 深圳出版社 |
| 地　　址 | 深圳市彩田南路海天综合大厦　（518033） |
| 网　　址 | www.htph.com.cn |
| 订购电话 | 0755-83460239（邮购、团购） |
| 设计制作 | 深圳市字在轩文化科技有限公司 |
| 印　　刷 | 广州一龙印刷有限公司 |
| 开　　本 | 787mm×1092mm　1/16 |
| 印　　张 | 21.75 |
| 字　　数 | 270 千字 |
| 版　　次 | 2024 年 9 月第 1 版 |
| 印　　次 | 2024 年 9 月第 1 次 |
| 印　　数 | 1—5000 册 |
| 定　　价 | 58.00 元 |

**版权所有，侵权必究**。凡有印装质量问题，我社负责调换
法律顾问：苑景会律师 502039234@qq.com

项目策划武向阳先生（左二）与作者约翰·格雷博士（右二）在签约仪式上合影

♥

这是一本
可以帮助你在经历了分手的痛苦、
破碎的婚姻抑或至爱的离世
重新找回真爱的实用手册。

谨以此书献给我最珍爱的灵魂伴侣
我的妻子邦妮·格雷。
她的爱、智慧和力量
一直鼓励我做最好的自己。

PREFACE **推荐序一**

　　"爱你一百年"是一个人发自肺腑的愿望，更是无数人美好的向住。然而现实总令人大失所望，多少爱半途而废，多少爱变成了相互伤害。

　　真正长久的爱，不是山盟海誓，而是重新爱上你一百次。

　　所谓重新出发，并不代表从零开始，而是通过心灵的疗愈，为爱再次扬帆起航。

　　几年前与作者约翰·格雷对话，我就感受到了他是一个具有极高爱商的智者。《为爱，重新出发》就是他为大家提供的一本爱商指导手册：当你正在经历分手、正在经历两性矛盾、正在为了恋爱而苦苦发愁时，这本书可以让你重新找回自己，找回另一半。

　　作者约翰·格雷写道："对于男人来说，倾听他人痛苦或悲伤的经历，可以加快他们疗愈的过程；而对于女人来说，向他人倾诉，则可以让她们舒缓内心的痛苦。"男女处理问题的方式截然不同，这也导致了男女对于恋爱中出现的矛盾处理方式也不同，可能正是因为如此不同，才导致了两人之间的摩擦产生，寻求他人的帮助也是消除内心痛苦的方式之一。生气、悲伤、恐惧、遗憾，这想必是大部分情侣之间有过的情绪，坦然地接受一段真挚感情的离开，这想必是不可能的。情侣之间的种种都源于一个字：爱。

　　阅读《为爱，重新出发》，教会你如何爱一个人，如何正确处理好两性关系，怎样坦然地面对得到与失去，怎么接受至爱的离开，合理地消化内心的情绪。既要学会去爱，也要学会被爱，爱一个人要做好许多，绝不是简单地给予与被给予。所以，面对人生的十字路口，我们都要学会放下，学会宽恕，学会重新出发。

"选择再次去爱，不仅仅是为了你自己，也是为了你的孩子、朋友，甚至是整个世界。"在《为爱，重新出发》一书里，约翰·格雷不仅把这个道理讲得清清楚楚，而且告诉了我们行之有效的方法，值得细细品读，好好践行。这本书的核心价值是什么？我的理解就是获得爱商：提升爱对人，且让对的人爱你的能力。

杨思卓

2024 年 7 月

杨思卓，著名管理学家，中国领导力学术带头人。历任北京大学汇丰商学院领导力研究中心副主任，广东省人民政府顾问，四川省人民政府顾问，香港慈善总会顾问，上市公司独立董事，深圳管理咨询协会会长，深圳中商国际管理研究院院长。20 年来共出版了《统驭》《中国管理顾问手册》《六维领导力》《职业培训师的 8 堂私房课》《爱商：揭秘婚恋关系中的领导力》等 20 多部专著。

## 爱的修行，人生重启的必经之路

在快节奏生活中，我们常常被各种问题所困扰，而其中最为普遍和重要的一个问题就是如何处理人际关系，尤其是与异性的关系。而在这个领域，绕不开的就是约翰·格雷博士。他的《男人来自火星，女人来自金星》系列书籍，风靡全球数十载热度不减，为数十亿读者提供了理解异性、建立健康关系的金钥匙。

我与约翰·格雷博士的缘分始于"世界大师中国行"平台。作为该平台的创始人，自2007年成立以来我们始终致力于推动中外文化交流。在过去的日子里，我们以无比的热忱和努力，成功邀请了众多国际政要、世界大师莅临中国，与中国的朋友们进行深入的交流与分享。其中，令我特别记忆犹新的是2017年—2019年我们连续三年邀请到了国际知名婚恋专家约翰·格雷博士。他的演讲深入浅出、引人入胜，给我们如何看待和处理婚恋关系中的问题提供了宝贵的指导方向。

随着时代的推进，我们所面临的挑战也不断演变。在我所讲授的"女性谈判力""谈判兵法""首席谈判官"等课程中，我了解到很多企业家学员面临着人际关系方面的很大困惑；同时，近年来，中国面临着离婚率不断上升、结婚率不断下降的现实问题，单身成年人口数量达

2.4 亿，恐婚恐育的思想在年轻人中蔓延。在这种背景下，婚姻这座围城更加令人望而却步，许多人没有掌握经营健康亲密关系和成功婚姻的技巧，对于如何去爱自己、爱别人感到无力。

在此情况下，为了更好地帮助和满足国内读者对健康婚恋关系的迫切需求，我和团队特别引进了约翰·格雷博士的力作《为爱，重新出发》，并签订了 15 年独家版权。

这本书深入探讨了爱情、婚姻和家庭等核心话题，并从心理、社会和文化等多个角度对其进行全面剖析。不仅为读者提供了权威且丰富的理论指导，同时还提供了实用且易操作的实践技巧。

尤其对于国内的女性读者群体，本书的引进无疑满足了她们对于健康婚恋关系的渴求，"把过去的那些痛苦，都变成让你受用终生的礼物"。

本书不仅提供了自我疗愈的方法，还引领我们进行了一次人生的深度修行。通过阅读和学习，我们可以从痛苦的经历中涅槃，活出全新的自己。它不仅帮助我们找到合适的伴侣，还引导我们深入探索男女关系的奥秘和底层差异，开始真正领悟关系的真谛。

约翰·格雷博士从他的亲身经历和多个现实案例出发，不仅理解我们的痛苦和心碎，更有耐心陪着我们走出困境。他的包容和理解让我们感到不再孤单。阅读这本书就像是与一位富有智慧的长者进行了一次有关婚恋的深度对话，无论你是单身、热恋还是已婚、离异，都能从中获得深刻的启示和指导。

阅读本书，无疑是一次对亲密关系深入而全面的探索，不仅有助于个人成长，还能推动建立更健康、更和谐的家庭关系；不仅满足了市场需求，还能推动个人成长和企业发展。强烈推荐这本书给每一个追求美好生活的人。

武向阳

2024 年 7 月

武向阳，国家二级心理咨询师，"世界大师中国行"平台创始人，知本家教育创始人兼董事长，广东省东方谈判发展研究院院长。畅销书《谈判兵法》《首席谈判官》作者。同时被聘为河南省黄帝故里基金会、南京公共关系协会、东盟—中国工商总会、悍高集团、河南广播电视台法治频道、广东省保健食品行业协会、马来西亚企业家协会、马来西亚中国工商协会等国内外多家机构首席专家顾问。

PREFACE **自 序**

## 开创充满爱的人生

在失去爱情或婚姻之后，生活会在一夕之间发生翻天覆地的变化，瞬间就只剩下自己一个人去面对生活了。这样的改变让你措手不及，你不知该如何开启新的生活。最爱的人已经离去，未来的生活恍若一团迷雾。这是一个全新的挑战，以往的任何经验都无从参考，于是你捂着伤口，不禁呐喊——"为什么是这样！"《为爱，重新出发》会为你解除所有的疑惑。在这本书中，你会看到很多引起共鸣的见解和解决方案，让你清楚地知道下一步该做什么以及怎么做。

> **面对这个全新的挑战，我还没有准备好。**

书中的理念是我 45 年的经验总结。众多深受情伤之苦的人在我的咨询指导下，纷纷走出了分手、离婚或爱人离世所带来的痛苦，并获得了疗愈。虽然每个人的遭遇都不尽相同，但他们所承受的痛苦都是一样的，他们都有一颗破碎的心。通过面对面的咨询和课程的引导，这些破碎的心灵在我的帮助下获得了疗愈。

书中的理念和方法已经被无数人验证过，帮助很多人走出痛苦，展开了新的生活，我自己也从中受益良多，相信对你也会同样适用。我的一生经历过离婚的低谷，也承受过失去父亲和兄弟撕心裂肺的痛，所以我非常了解失去所带来的痛苦和打击，更知道疗愈伤痛后会收获怎样的欢乐与幸福。

正是因为我成功疗愈了婚姻失败所带来的伤痛，才能够从错误中学习，并以此为契机开启了全新的人生篇章，过得更加美满幸福。尽管当初我从未想到过会有今天的成就，但我仍然十分感激我的第一段婚姻。否则，我一定不会与现在的妻子邦妮结婚，过上如此幸福美满的生活。

> 过去的那些痛苦，都会变成让你受用终生的礼物。

心灵疗愈之后，我得以开启了一个前程似锦、幸福美满的全新人生。心扉敞得更开了，看事物自然也就更清楚明朗了。在疗愈的过程中，我每天都会有新的领悟和发现，这让我越发肯定：邦妮就是我的灵魂伴侣。第二段婚姻之后，我不仅收获了真爱，婚姻咨询事业还取得了蒸蒸日上的发展。这也激励了我，让我产生了想要创作《男人来自火星，女人来自金星》的想法。

有了这段疗愈自我的经历之后，我变成了一位更加出色的咨询师和讲师，但更重要的是，我成了一个好丈夫，一个好父亲。这次经历让我收获了为爱重新出发所带来的巨大回报。

> 即使离婚再痛苦，它也能为你打开一扇通往幸福的大门，找到美满的爱情。

但这个过程并不容易。要想重获新生，就必须经受分娩般的剧痛，也需要付出很大的努力。不过在此过程中，你也会感受到自己的很多情绪，以及一种如释重负的快感。有了第一次的自我疗愈，这个过程就会容易许多。不久之后，回想起这些痛苦时，它们也就只是一些回忆罢了。

> **回首往事，所有的痛苦都仅仅只是一些回忆。**

虽然至爱的离世与失恋、离婚的情况截然不同，但疗愈的过程却是一样的。无论你失去了什么，你都可以从这本书中学会心灵疗愈。书中罗列了一系列的故事和案例，它们可能与你现在的境遇不尽相同，不过你也能从中获得一些启示。

### 三部曲

这本书主要分为三个部分，第一部分的主题为"火星人和金星人，为爱重新出发"，阐述了男人和女人疗愈内心伤痛的过程基本上是一样的。但在经历相同的疗愈过程时，男人和女人所面对的挑战却有着天壤之别。对男人有效的方法对女人就不一定有效了，反之亦然。

第二部分的主题为"金星人，为爱重新出发"，分享了女性在疗愈过程中会面临的特殊问题和挑战。第三部分的主题为"火星人，为爱重新出发"，讲述了男性在疗愈过程中会出现的问题和困难。读这本书时，男人可以选择先跳过第二部分，待看完第三部分后再回来读。不管是哪一部分，男人和女人都可以从中获得非常重要的信息，因为有些道理是相通的。

虽然疗愈痛苦的过程大致相同，不过每个人面对的具体问题却千差万别。只要知道了问题解决方案背后所隐藏的道理，就能明确地判断出哪种办法最适合自己。你不仅可以更清楚地做出选择，而且会多少感到一些宽慰——知道了不是只有自己才经历这样的痛苦。其他人也曾经历过，但他们现在已经找到了疗愈的方法，永远地摆脱了痛苦。

## 疗愈我们的心灵

我和妻子邦妮在度蜜月的时候，突然接到一个噩耗：我的父亲突然离世了。有人在我父亲的汽车后备厢内发现了他的尸体。原来他被一个搭顺风车的人劫持了，塞进了后备厢，车被遗弃在高速公路旁。由于得克萨斯州的高温天气，几个小时后他死于中暑。和很多失去至亲的人一样，当时我痛不欲生，却没有任何办法可以让父亲再回到我的身边。

我本以为永远都无法摆脱这种痛。但幸运的是，上天让我掌握了疗愈内心痛苦的方法。现在每当想起父亲的时候，我感受到的不再是痛苦，而是一份深厚的父子情。虽然我时常幻想他就在我的身边，与我一同分享成就，偶尔会来看望一下孙子孙女，不过已经不会再感到心痛了。现在每当思念他的时候，或在作品中提及他时，心中都会涌起一股暖流，使我潸然泪下，那是感激的泪水，感谢我们曾经一起度过的美好时光。

> **痛苦再强烈，它终将会逝去。**

两年之后，又一个噩耗传来——我的弟弟吉米自杀了。这个世界对当时敏感脆弱的他来说太过冰冷、残酷，他最终选择了结束自己的生命。自从他染上毒瘾并被女友抛弃之后，就不知道该如何疗愈自己破碎的心灵，生活陷入了泥潭。他渐渐变得狂躁不安，不得不依靠药物来压制。但由于当时的药物达不到现在这样先进的水平，药物产生的副作用让他的生活变得更加痛苦不堪。

对我来说失去弟弟简直是一个毁灭性的打击。孩提时代的我们一直都是亲密无间的。他的离去所带来的痛苦就像当年我失去父亲时一样，不过呈现的方式不同。除了思念，因为没有帮到他，我还非常愧疚。我帮助了那么多人，却无法挽救自己的弟弟。尽管对他的离去我悲痛不已，但最终我还是学会了原谅自己。

> **我们痛苦的很大一部分原因，是感觉自己没有能力去挽救所爱的人。**

正是为了挽救弟弟，我才把学习心理学放在了人生目标的首位。当传统的治疗方法不奏效时，我继续深入探索和挖掘疗愈的整个过程。

当我勇敢面对自己在弟弟那件事情上的内疚与自责时，内心的伤口再一次被疗愈了。这一次，我体会到了一种更深层次的纯净和价值感，摒弃了"我必须完美才值得其他人来爱"的想法。在疗愈创伤的过程中，我终于知道了"对他人的需求有责任感"和"对他人有责任感"的区别。当然除此之外，这次疗愈还让我收获了其他更多的东西。

其中最大的收获就是我以后可以不用再带着伤痛的感觉去思念弟弟了。现在的我已经不再悲痛了，反而觉得或许这样对他来说是一种解脱。从那之后我更加努力地帮助更多需要疗愈的人。我的弟弟永远都活在我的心中，一直鼓励着我为创造更美好的世界而努力。

## 实现你的梦想

每个人，无论贫穷与富贵，健康与疾病，都会经历失去人生至爱的痛苦。很多人在失去至爱之后，往往都无力承受这种悲痛。结果，他们没有重新振作起来，找到真正属于自己的灵魂伴侣，而是勉强地去应付生活的琐碎，过着有一天算一天的日子。大多数情况下，他们甚至都不知道自己究竟失去了什么，更不会知道其实还有其他的路可以走。事实上，要想疗愈心中的痛苦，并再次为爱敞开心扉，是有解决办法的。

读完这本书之后，你就会知道自己是有选择的。虽然会不可避免地感受到失去所带来的痛苦，但对待痛苦的方式是可以改变的。你可以选择去疗愈过去的伤痛，把它变成你成长的土壤。只有这样，生活才会变得越来越好。

《为爱，重新出发》是我发自内心想写的一本书，一方面这是我想送给全世界的一份礼物，另一方面也想把我这 45 年来的工作经验好好提炼一下。希望它可以帮你疗愈灵魂深处的伤痛，成为你人生黑暗中的一盏指路明灯，指引你选择正确的方向，同时也能陪伴你度过最低落的时刻。要知道：不是只有你才会经受这样的痛苦，其他很多人也曾经历过，只是他们现在都已经解脱了，并且找到了自己的真爱。相信你也一定可以。

约翰·格雷

# 目 录
## CONTENTS

### 第一部分　火星人和金星人，为爱重新出发

> 我们和爱人之间的联结曾是如此的紧密，又怎能轻易地说再见，轻易地放手呢？为了疗愈我们受伤的心灵，并且放下这些不堪的痛苦，我们首先应该理解爱的本质。

1. 火星人和金星人，为爱重新出发　002
2. 为什么伤害会如此之深？　010
3. 情感滞后期　017
4. 为失去的至爱而悲伤　027
5. 走出困境　033
6. 好的结尾才能带来好的开始　045
7. 方法得当，眉头舒展　058
8. 学会宽容　068
9. 挥手告别，爱在心中　074
10. 放下伤痛，释怀过去　096
11. 90/10 法则　104
12. 解决核心问题　113
13. 铭记曾经的那份爱　139
14. 心灵疗愈之 101　151

## 第二部分　金星人，为爱重新出发

> 为爱重新出发，我们不仅要允许自己去感受积极的情绪，也要允许自己去感受消极的情绪。我们更要允许自己再次坠入爱河。

1. 一张长长的列表 165

2. 约会面临的新压力 169

3. 多接触，少性爱 171

4. 美化过去 174

5. 郁郁寡欢 176

6. 再次坠入爱河是一种背叛 177

7. 性和自尊 179

8. 性，责任，自我价值感 181

9. 想要一场轰轰烈烈的爱情 185

10. 电影与现实 188

11. 遇上错的人 190

12. 过度幻想浪漫 192

13. 希望男人心思细腻 194

14. 郁结于心，困顿于情 197

15. 谁还需要男人呢？ 199

16. 总是付出太多 203

17. 关心他人　　　　　　　　　　210

18. 害怕亲近　　　　　　　　　　212

19. 孩子需要我　　　　　　　　　214

20. 孩子会嫉妒的　　　　　　　　219

21. 发泄情绪却未沟通　　　　　　224

22. 懂得独乐乐　　　　　　　　　230

23. 宁缺毋滥　　　　　　　　　　234

## 第三部分　火星人，为爱重新出发

让男人最开心的应该是女人给他带来的感觉，
而不应该是女人的外表。

1. 情感创伤修复中　　　　　　　243

2. 情感创伤之时的性行为　　　　248

3. 积极的嗜好　　　　　　　　　251

4. 工作、金钱和爱情　　　　　　253

5. 仅有爱是远远不够的　　　　　256

6. 前车之鉴　　　　　　　　　　259

7. 没必要停止爱　　　　　　　　261

8. 单相思　　　　　　　　　　　262

9. 学会放下，懂得从容    264

10. 灵魂伴侣也并非十全十美    268

11. 草率恋爱    270

12. 识别灵魂伴侣    272

13. 看清幻想    274

14. 进退两难    277

15. 永无止境地寻找    280

16. 有所保留地付出    284

17. 自己的快乐，自己做主    287

18. 专注于做大事    290

19. 找到平衡    294

20. 选对人    299

21. 分手的艺术    303

22. 自我毁灭倾向    307

23. 找回付出的能力    316

后记　面对人生的十字路口    323

鸣谢    327

# 火星人和金星人，为爱重新出发

## ♥ 1. 火星人和金星人，为爱重新出发

再次回归单身之后，男人和女人会面临不同的挑战。正因为有着不一样的感受、思维模式和沟通方式，所以在失去爱情的时候，大家所做出的反应也截然不同。面对强烈的打击，女人本能的反应和男人有所不同，她们所遇到的问题以及可能犯下的错误也和男人不一样。对女人有效的方法，对男人就未必奏效。从很多方面来看男人和女人的需求有着天壤之别，就好像男人来自火星，女人来自金星一样。

尽管男人和女人应对伤痛的方式不同，但他们体会到的那种悲伤欲绝的感觉却是一样的。要想从分手、离婚、丧偶的悲痛中走出来，并愿意为爱再次打开心扉，这个过程是人生中最痛苦、最煎熬的阶段。对大部分人来说，失去至爱的痛苦远远超过我们的想象。

> 要想从分手、离婚、丧偶的悲痛中走出来，并愿意为爱再次打开心扉，这个过程是人生中最痛苦、最煎熬的阶段。

失去至爱会让我们心如刀绞。面对眼前的孤独与迷茫，我们不禁放声痛哭，感到前所未有的不知所措。哪怕内心再怎么苦苦挣扎，想要和现实负隅顽抗，但结果却像陷入了绝望的深渊，迷失在无边无际的黑暗中，被世间所遗忘。时间也慢了下来，每一秒都是那么漫长。

**失去至爱后，我们内心苦苦挣扎着，想要和现实负隅顽抗。**

每时每刻都味同嚼蜡，有时就连苦乐参半的痛苦都没有了，只剩下了麻木。但后来又总会触景生情，心中涌起对爱情前所未有的渴望。不过，在又一次面对现实后，心痛的我们终于意识到生活再也无法回到当初了。

最后，完成整个心灵疗愈之时，伤痛会被彻底放下，因为这时我们已经完完全全地接受无法改变的事实。回归单身后，我们会开始新的生活，重新为爱打开心扉。虽然觉得有些不可思议，但生活确实已经重回正轨。度过了至暗时刻，爱便会像破云而出的阳光一样给你带来温暖与惬意。这样的结局是有可能发生的，但不能保证每个人都会有。

### 了解疗愈的过程

要想抚慰受伤的心灵，就必须走完疗愈的全部过程，这就需要对自己有一个全新的洞察和认知，不过大多数人不知道该怎么做。学校从未教过我们该如何去疗愈心中的伤痛，我们也从未练习过这一方面。因此，每次身陷黑暗、感觉脆弱无助时，我们要么盲目地听从朋友或家人的建议，要么就单纯地听从下意识的反应。那个时候，所做的每一个决定听起来似乎都合情合理，但其实是适得其反的。即便能得到短暂的释怀，但从长远来看，是有害无益的。

**学校从未教过我们该如何去疗愈心中的伤痛。**

失去至爱之后，有些人可以为爱重新出发，但仍有很多人无法走出过去的阴影，深陷绝望的泥潭，始终无法摆脱当前的局面，依然承受着各种各样的苦楚。就是因为一直放不下失去至爱的痛苦，所以他们无法再次全然地敞开心扉。

还有一些人，看起来似乎已经放下了，但事实并非如此。他们以为自己已经成功摆脱了痛苦的纠缠，事实却是他们不惜以关闭心门为代价，从此不再去触碰那些伤痛而已。这样的人大多都会过快地抛开过往，封锁了自己的内心，也麻痹了自己的情感，不敢再去触碰。他们总是无法了解自己真实的状态，无法感受心中的爱，也就只能沿着这样的惯性继续走完今后的人生。失去了在爱中成长和对幸福的感知能力，爱与幸福也就自然无法伴其前行。

再次回归单身，着实是一次极其严峻的考验，但挑战与机遇是并存的。所谓的机遇就是，心灵疗愈会让我们进一步地认识自己，我们会变得更加成熟稳重。挑战则是，如果不能完成疗愈的整个过程，仅依靠时间是无法抚平伤口的。要知道，一个人如何处理失去至爱的痛苦，决定了他今后的人生。

## 如何疗愈心灵

疗愈心灵，必须先明白疗愈的基本原理。其实，心灵疗愈的过程和骨头断裂之后再重新愈合的过程非常相似。情感的创伤是无形的，骨头的断裂是有形的，看得见摸得着的。了解治愈骨折的全部流程，我们可以更形象、更详细地理解心灵疗愈的一些必要步骤。

当人的骨头断裂时，身体会有一股自然的疗愈力量将其修复。人在感觉痛的时候，身体的修复机能会开始运转，疗愈受伤的地方。这段时间，只要悉心疗养，不做任何会让伤口裂开或耽误伤口愈合的事情，骨头会迅速恢复，恢复后的骨头还会比以前更加结实。同理，假如你精心呵护心灵疗愈的全过程，确保心灵顺利被疗愈，它也会变得比以往更加坚强。那个时候，所有的痛苦和绝望都会过去，迎接你的将会是另一个幸福美满的人生。

> **受伤的心灵在被疗愈之后，会变得比以前更坚强。**

骨头折了，要先接骨，打上石膏防护之后就等身体自然复原了。不过其间必须注意三点：第一，骨头接位一定要对，否则就会长歪。第二，一定要有足够的时间好好疗养，切不可心急，否则骨头会长不牢。第三，一定要待骨头愈合之后，再拆下石膏，否则肯定长不结实。这三点提示同样也适用于心灵疗愈。

心灵遭受创伤后，光知道所有的事情都会过去是远远不够的。虽然心灵也会自动疗愈，但如果缺乏对疗愈过程的整体认知，就会不自觉地去干涉，甚至妨碍疗愈的过程。有太多人会犯这样的错误。接下来，本文会通过类比的方法，让大家更好地体会心灵疗愈的三大步骤。

治疗骨折的三大步骤：找医生接骨，然后打上石膏，慢慢复原。

同样地，心灵疗愈也有三个步骤：

第一步：寻求帮助；

第二步：为失去的至爱而悲伤；

第三步：心灵复原，为爱重新出发。

现在，我们来深入分析一下以上三大步骤吧。

## 心灵疗愈三部曲

### 第一步：寻求帮助

骨折后，首先要寻求帮助。只要你受伤了，就一定需要他人的帮助。即便你是一名骨科专家，也需要其他医生来为你治疗。同理，心灵受伤的时候，寻求帮助便是第一步，也是最重要的一步。这可不是需要忍耐或逃避痛苦的时候。对于男人来说，倾听他人痛苦或悲伤的经历，可以加快他们疗愈的过程；而对于女人来说，向他人倾诉，则可以让她们舒缓内心的痛苦。花点时间和能够理解你目前处境的人在一起，向他们分享自己的感受，不仅可以让你心情舒展，而且也有利于心灵疗愈。

> 对于男人来说，倾听他人痛苦或悲伤的经历，可以加快他们疗愈的过程；而对于女人来说，向他人倾诉，则可以让她们舒缓内心的痛苦。

阅读本书，就已经是一个非常好的开始了，不过你依然需要寻求同病相怜的人或过来人的帮助。如果你从未参加过任何相应的课程，那么加入一些有针对性的互助团体，或者寻求心理咨询师的帮助也是非常好的选择。过来人和心理专家都可以帮助你疗愈心灵。实际上，在疗愈的关键期，你最能听进去的也就是心理咨询师、互助团体或相应课程的建议了。

《为爱，重新出发》一书不仅会详细分析男人和女人究竟会如何在不自觉的情况下拒绝心灵疗愈所需的关爱与支持，而且还会提供相应实用性的解决方案。虽然没有办法可以让你马上摆脱痛苦，但至少可以让你通过获得必要的关爱和支持来舒缓那些痛苦。只有在适当的时间获得合适的帮助，你才会愿意放下那些伤痛，重新打开心门，找回心中的平静与喜悦。

### 第二步：为失去的至爱而悲伤

骨折治疗第二步，寻求到帮助之后，就要开始接骨了，然后让骨头慢慢复原，长结实。同样地，心灵受伤的时候，也需要把它拼接起来。然后进入第二阶段，开始回想曾经的爱人，回忆你们之间一起经历的点点滴滴，让自己为失去的至爱而悲伤流泪。

回忆往昔固然会带来痛苦，但这也会让你想起曾经的温馨和甜蜜。而重新去感受这份爱，可以减轻你的痛苦，帮助疗愈心灵的伤痕。

> 感激你们曾一起度过的美好时光，宽恕对方曾经犯下的错误，爱就会开始涌入心头，成为你疗愈心灵的灵丹妙药。

如果你此刻就在失恋或离婚的痛苦当中，觉得自己被抛弃、被背叛了，或许你连悲伤的感觉都很难感受到，更不用说还要去感受曾经的爱了。或许，现在的你正满腔愤恨。在这种情况下，对"心灵复位"最重要的就是原谅对方。只有原谅了他 / 她，才能完全地为这段逝去的感情而难过。

即便你现在正庆幸终于结束了这段噩梦般的恋情，也要追忆最初和他 / 她恋爱时的那股憧憬，然后再感受憧憬破灭后的那份失望。只有感恩曾经的美好，并原谅对方对你造成的伤害，心灵才能被疗愈，而你才能做到真正地释怀，再次笑对人生。

> 如果你的心门对过去生活中的某个人关上了，那么就不可能会对另外一个人完全打开。

心灵被疗愈后，内心就会再次怀揣着美好的期待，等待另一份爱情的到来。但如果心灵没有得到完全疗愈，你就会变得精神萎靡，很难再想去爱或信任一个人了。

而在彻底疗愈之前，男人不会再像以前那样全心全意地为对方付出，女人则很难再去相信男人。男人可能很快就会进入一段新的恋情，但是很难给对方承诺。而女人为了避免再次受到伤害，就不想再和别人谈恋爱了。

> 心灵疗愈完成之前，男人很难再对女人做出承诺，女人则很难再相信男人。

接下来的章节将会详细分析我们该如何为失去的至爱而悲伤，完全地感受到内心的空虚，从而让心灵再次感受到爱的温暖。就像有阴暗的地方就一定会有阳光，当心处于空白的时候，爱就会满灌而来。

### 第三步：心灵复原，为爱重新出发

骨折治疗第三步，接完骨之后，必须打上石膏，把骨头固定住，让它慢慢生长、复原。待骨头愈合后，就可以拆掉石膏了。与此类似，心灵疗愈也需要充足的时间，让心慢慢复原，然后才能开始下一段恋情。我们首先要满足自我需求，拥有强大的自我意识之后，才可以与他人展开恋爱。最理想的情况就是先让心灵完全康复，再开始新的恋情。

> **开始新恋情的最佳时机是你开始冷静下来的时候。**

男人往往会过快地进入下一段恋情，女人则常常不自觉地排斥爱情。除非能在开始新恋情之前调整好自己，否则男人就不能全心全意地付出爱，而女人也不能完全相信对方，接受对方的爱意。在之后的章节中，我们就会知道男人和女人是如何无意识地阻碍疗愈的。在第三阶段，我们也会提供相应的解决方案，让我们能在对的时间开始新的恋情。

### 为爱，重新出发

回归单身之后，我们的生活刹那间发生了翻天覆地的变化，仿佛突然之间要独自一人去面对余生，身边最熟悉的一切都远去了，我们根本不知道该怎么办。这个时候，《为爱，重新出发》就可以帮助我们获得新的领悟，找到正确的人生方向。

## ♥ 2. 为什么伤害会如此之深?

在所有失去的类型当中，失去至爱是最为悲痛欲绝的。无论我们经受怎样的失望和不公平对待，只要有爱，灵魂就可以得到抚慰，内心的伤痛也会减少。生活中，不管在外面受到多大的委屈，碰了多少次壁，工作有多不顺心，心中都会涌起一个声音："没关系，还有他／她陪在我身边。"所以，当失去这份爱的时候，也就等于失去了那份慰藉，再也不会有人在身边安慰我，保护我了。很多人都是在失去之后，才意识到自己对这份爱有多么依赖。

> 无论我们经受怎样的失望和不公平对待，只要有爱，灵魂就可以得到抚慰，内心的伤痛也会减少。

爱人的离去会瞬间剥夺所有防御痛苦的能力，让我们不得不去面对伤痕累累的自己，体验什么叫作心如刀割。面对这样的悲凉，我们不禁会向上天祈求，企盼能获得哪怕一丝丝的慰藉，更想知道："为什么伤害会如此之深?"

失去至爱所带来的痛苦和空虚是任何人都无法预想的。无论是经受失恋、离婚还是丧偶的痛苦，心最终都会变得千疮百孔。起先会感到震惊，然后就是麻木。身体里的每一个细胞都在呐喊："不，这不是真的！我不会让它发生的！不可能会是这样的！"我们拼命向上天哭诉，无法接受这样的现实。

我们甚至天真地以为只要一觉睡过去，第二天醒来，一切都会恢复正常。如果这只是个噩梦，那该多好啊！但是很快，我们就会意识到事情已经发生了，也无法再改变什么了，只能接受眼前的现实。这是多么孤独和绝望啊！感觉自己就像掉进了冰窟里一样，周围又冷又暗。不过等到这种麻木的感觉消退后，痛苦就会变得越来越清晰，简直可以用撕心裂肺来形容。

放下或告别曾经的爱人是不容易的，毕竟我们和他／她之间有着太深的依恋。所以为了缓解痛苦，疗愈心伤，我们必须首先了解爱、依赖和依恋的本质。

### 爱、依赖、依恋

忙碌了一天后，如果有一个人会在家里等着你回去，他／她会体恤你的辛苦，认可你的价值，需要你的陪伴，那么这个人就会让你觉得生活是多么有意义。他／她不仅关心你，爱护你，尊重你，而且一直与你同舟共济，荣辱与共，一起经历了很多难忘的岁月，你自然也就越来越离不开他／她了。

就算对方不能完全满足你的需求，你在这段感情中投入的所有精力和期待也会增加自己对他／她的依赖感。就算爱情并不完美，想要得到关爱的心情也能够为你遮挡外面的风雨。

当这种依赖感强烈到一定程度的时候，就会发生重大变化。你会越来越忽略自己对爱和被爱的基本需求，而越来越只想要得到伴侣的爱。

在你眼里，没有人能取代他 / 她的爱，这就叫依恋。这个时候，你对他 / 她的依赖就变成了依恋 —— 眼里只有他 / 她的爱。

> 恋爱时，我们会十分渴望得到伴侣的爱，而这种渴望会替代心中对爱的基本需求。

在过于依赖伴侣的情况下，对你来说，别人再多的欣赏和感激都显得不够，似乎只有来自他 / 她的欣赏才是最有意义的。每天，你都会和很多人礼尚往来，相互帮助，互相支持，但是你和伴侣之间的相互扶持会给你非常大的满足感，这种满足感是你无法从其他人身上获取到的。

就是因为这么依赖，所以一旦失去了，便会从情感上说服自己，觉得此生无法再爱了。失去了他 / 她，就等于失去了幸福快乐的生活。痛苦会在绝望中放大一百倍。一天不吃饭是一回事，永远不吃饭就完全是另外一回事了。当你失去了无法替代的东西时，一定会感觉万念俱灰。

> 感情中的依恋会把分手的痛苦放大一百倍。

要想疗愈受伤的心，就必须放下这种依恋，打开心门，向他人给予爱，也接受他人的爱。否则，可能会永远困在悲伤、麻木之中，无法自拔。只有切断依恋，才能让心灵复原，开始全新的生活。

心灵复原后，你就会重新感受自己对爱的基本需求，而不再只渴望得到他 / 她的爱了。只有这样，你才能重新找回依恋伴侣产生的自己，再次打开心门，接受来自他人的爱与支持。

在敞开的状态下，心会指引你找到真爱。放下对他 / 她的依赖与依恋后，你就会发现内心深处对爱与被爱的渴望，还会发现自己是有能力满足这些需求的。不过这一切都要建立在放下对前任依恋的前提下，否则你将失去发现爱、获得爱的能力。

> **灵魂是渴望爱与被爱的，同时也具备了满足这些需求的能力。**

当你对他 / 她的依赖强烈到某种程度时，想要放下就非常难了。不过这个时候，来自家人朋友的爱，可以帮你减少这种依赖。等到你在不依赖他 / 她的前提下也能够让心中充满爱时，就证明你已经彻底放下伤痛了。

换句话说，打开心扉，付出爱，接受爱，不再依赖前任，我们就能彻彻底底地放下过去。当心中再次充满爱的时候，空虚就会烟消云散。当然，这个时候付出和收获的爱与之前完全不一样，不过这份全新的爱还是会带给我们满足感。

## 放下的艺术

为爱重新出发的一个必要条件，就是要学会放下。要想继续前行，就必须做到哪怕爱人不在身边了，也要让自己再次感受到对爱的内在需求。不过，你一定要非常熟悉这个方法，否则非但不能放下那些痛苦，反而还可能会在不知不觉中加深对他 / 她的依恋。

当我手里抓着某样东西，而你想要把它拿走的时候，我就会抓得越紧，反抗得越厉害。我们对伴侣的依恋正是这样的。因为不愿意放下，所以会抓得更紧。

放下依恋的秘诀其实非常简单，就四个字——顺其自然。与其刻意地去放下，不如继续坚持这份依恋。回忆自己有多么深爱着伴侣，有多么思念他／她，多么需要他／她，多么感激他／她过去送的每一件礼物，多么希望他／她能回到自己的身边。

> 放下依恋的秘诀其实非常简单，就四个字——顺其自然。不要刻意地去放下。

通过这样的方式回忆，你就可以适当地感伤，并开始心灵疗愈。刚开始的时候，回忆伴侣或许会让你更加伤心欲绝，你可能会生气、伤心、害怕和懊悔，但在感受这些痛苦情绪的过程中，其实你也会逐渐放下对他／她的依恋。所以，痛苦是短暂的。

最后，放下依恋的你再回忆起那个时候的他／她，可能还是会感到些许悲伤，但同时你也会感受到爱的甜蜜和一颗坚强的心。心灵完全疗愈后，回忆伴侣便不再是一件痛苦的事，反而会成为唤起你灵魂深处永恒之爱的特殊纽带。

这个时候，若你再想起他／她，心中出现的是一片祥和与爱，那就表明你已经具备了必要条件，可以为爱重新出发了。有了这个必要条件，你就一定会找到永恒的真爱。

> 心灵完全疗愈后，回忆前任便不再是一件痛苦的事，它反而会让我们想起曾经的甜蜜。

要想疗愈受伤的心灵，首先必须勇敢面对痛苦。在你回想起曾经与他 / 她度过的点点滴滴时，心灵就会自动开始疗愈。也就是说，触景伤情会让你回想起那份爱。这份爱不但会让你接受他 / 她已经离开的事实，而且还会让你逐渐放下过去。

各种文化传统都鼓励人们给自己一段时间去感受悲伤的情绪，甚至推荐了各式各样的纪念仪式。例如：在一段时间内穿戴黑色服饰，点一盏长明灯（一支永远燃烧的蜡烛），种一棵树，在葬礼上追忆往事、讲述死者的故事，带着爱的礼物重回墓地悼念，将传家宝传给下一代，挂上一幅特别的画。在以上的每个例子中，我们都可以看到同样的思路——给自己一段时间，带着爱去回忆离去的爱人或亲人，其实这也是给自己一个疗愈伤痛的机会。

### 再次找到真爱

爱人或亲人的离世无疑会对我们造成沉重的打击，甚至会产生"永远不会再爱"的念头。他 / 她逝去的同时，也带走了我们的爱，让我们屈服于痛苦，然后完全被它吞没。

> 内心的屈服不是因为失去了至爱，而是因为暂时停止了爱。

离婚，也会经历相同的过程。他 / 她还在世，所期望的伴侣关系却已破碎，曾想要白头偕老的那个人不会一直陪伴着我们了，那种悲痛的感觉就好像他 / 她离开了人世一样。其实，无论是离异还是丧偶，那份失去的切肤之痛都是一样的。

当爱人离开了，人们通常就会想："我不会再爱上任何人，也不会有人爱上我。"这样的想法并不正确，需要一段时间来慢慢调整，一时半会儿是想不开的。毕竟相依相伴地生活了这么多年，他 / 她早已是你爱的全部。过去的每一天，你都全心全意地关心他 / 她，照顾他 / 她，而他 / 她的支持与陪伴也一直是你前进的重要动力。所以要放下这段依恋是需要时间的，终有一天就会发现其实你还是可以继续爱他 / 她的，只不过换一种方式罢了。

分手后，心中可能还是会忍不住地想念，那种美好的感觉还会历历在目。只要还记得他 / 她曾经对你的好与关心，你就可以继续在心中保留着对他 / 她的爱。

> **就算无法再相见，他 / 她永远都在我们心中。**

为爱人离开而悲伤的过程中，最终会发现其实心中的爱还在继续，哪怕他 / 她已经不在你身边了。你会发现未来并不会像你原先想象的那样灰暗。只要转变原本消极的观念，发现自己还可以去爱，你就会找回心中的平和。绝望的雾霾消散之后，爱的阳光便会洒满心间。接受已失去的事实，但不要将其遗忘。清风徐来，吹起秀发的同时，也会吹动前进的风帆。相信你一定会找到值得你为之付出的爱情，让你心甘情愿地展开双臂，呈现最真挚的感情。

## ♥ 3. 情感滞后期

实际上，早在心灵准备好放下之前，意识就已经想要开始新的生活了。意识要快，心灵疗愈要慢，其中的差距相当于光速与声速的对比。如果意识是以光速运转的话，那么心灵就是声速了。可见它们调整的速度天差地别。

在物理世界中，我们可以客观地观测到光速与声速的差距，不会有任何质疑，这是因为我们可以实际测量出这两种速度。但是要观察精神和情感世界就困难多了。虽然我们一般无法看到或度量出意识和心灵的变化，但我们必须意识到两者的区别，才能成功疗愈伤痛。

失去至爱之后，心灵需要花比意识更长的时间来调整。每当觉得自己已经准备好可以开展新的生活时，另一波痛苦的情绪就会浮现。其实这种反反复复是自然的，也是必经的过程。因为心灵疗愈不会一蹴而就，它是一个循序渐进的过程。其间，过去未了结的情绪会如同潮汐一般涨涨落落、起起伏伏。退潮时，你会发现不仅痛苦的感觉消失了，而且心中还会涌现出一股更强烈的力量与认知，渴望再次寻找真爱。但涨潮时，愤怒、悲伤、恐惧和懊悔的情绪又会席卷而来。就这样，经历了一波又一波的悲伤之后，最终你才能真正地放下，并为爱重新出发。

潮落了，可能就会觉得一切安好，这时意识会说："你已经调整好了，可以准备继续前进了。"一旦潮涨，又会瞬间感到非常痛苦。前一秒还是好好的，积极乐观地想要开始新的生活，但下一秒就会觉得非常气愤、伤心或害怕。这看起来可能有点神经质，但其实都是正常的。这就好比光和声音的速度不同，意识和心灵的改变、调整、适应和自我纠正的速度也是不一样的。在疗愈的过程中，情感滞后于意识是正常的，甚至是好的现象。

> 在疗愈的过程中，情感滞后于意识是正常的，甚至是好的现象。

### 生存法则

大多数人都会在心灵完全疗愈之前，选择马上开始新生活。毕竟，没有人会喜欢痛苦，想要尽快摆脱痛苦也是本能反应。"生存"最重要的法则就是趋利避害，所以感到痛苦的时候，意识就会说："好了，够了！为什么要花这么多的时间去悲伤？现在开始新的生活吧！"这种做法在通常情况下是可行的，但在疗愈的关键时刻却只会让情况恶化。

如果不了解如何处理心中的消极情绪，它们就会变得难以承受。为了寻求释怀，人们会想尽一切办法来躲避失去至爱的痛苦。但是过快屏蔽这些感受，就会在无意识中阻碍疗愈的进程。千方百计想要获得的慰藉不仅是短暂的，甚至还会带来长期的负面效果。越想逃避、抵制痛苦，越会引发各种程度的心理抑郁。

> 抵制痛苦的情绪会引发各种程度的心理抑郁。

一次又一次地抵制生气、伤心、忧虑、空虚和孤独的情绪后，或许你会感到些许宽慰，但事实上它们依然还在。不管多么努力地去驾驭这些情绪，它们还是会控制你的意识，把你击垮。如果你对疗愈的过程没有一个清楚、积极的认知，便很容易陷入绝望。而抑郁无助的情绪一旦出现，你会感觉自己走投无路了，于是就会越来越频繁地逃避内心的感受。除非投入必要的时间去疗愈心里的痛苦，否则这种适得其反的恶性循环就会一直持续下去。

> **不管多么努力地去驾驭这些情绪，它们还是会控制你的意识，把你击垮。**

即便是你提出的分手，感受那种失去的悲伤也仍然是正常、有益的。分手后，你的意识或许会说："其实结束了这段关系是件好事啊，现在我终于有机会去寻找真爱了。"尽管这番话说得很对，意识也正蓄势待发，但这个时候心灵可能会说："我觉得很伤心，很孤单，不知道还会不会有人爱我。或许，我永远都不会再幸福了。"

意识的疗愈只是第一步，接下来就是要挖掘并释放未了结的情绪。这个时候，我们需要花时间去分析内心的种种感受，这对心灵疗愈帮助极大。

意识从伤痛中恢复过来后，它会再次相信："生活就是这样的，一切都挺好的！"意识的这种积极明确的处理为心灵疗愈提供了非常牢固的基础，可以让我们更好地释放伤痛。一个客观积极的观点可以帮助我们放下过去。

> 意识从伤痛中恢复过来后，它会再次相信"生活就是这样的，一切都挺好的"。

然而不幸的是，很多人都没有认识这个过程。他们在意识上投入了必要时间来调整自己，适应新环境后，就对内心的情绪感到不耐烦了，想要快点开启新的生活。这种想要快点结束的做法无论在男人还是在女人当中都很常见，只不过表现得不一样而已。我们先看看女人一般是怎么做的。

### 女人如何逃避失去至爱的痛苦

女人通常会通过抑制内心对爱的需求来逃避失去的痛苦，获得宽慰。为了保护自己不受伤害，她会选择不再相信或依赖爱情。在金星上，人际关系是女人的中心，而最大的痛苦莫过于被他人抛弃。当女人依赖一个人，对方却离她而去的时候，这种打击对她来说是难以承受的。如果她没有意识到充分感受内心情绪的重要性，要么会把大部分心思放在别人身上，以此来掩盖伤痛，要么从此远离亲密关系，不再相信爱情。

> 女人通常会通过抑制内心对爱的需求来逃避失去的痛苦，获得宽慰。

依靠自己就意味着女人会表现得好像完全不需要他人的关心和支

持，尤其排斥谈恋爱。虽然有的时候在再次坠入爱河之前，确实需要这么做，然而为了躲避被抛弃所带来的痛苦，她会尽可能降低恋爱在心中的比重，对自己说："其实恋爱也没那么重要。"拒绝内心的恋爱需求，她就不会再遭受失去的痛苦了。

付出太多，是指女人把别人的需求放在首位，这也是她逃避内在需求的另一种方式。感受和回应他人的需求可以让她获得短暂的安慰。比如说，把所有精力放在小孩身上、做慈善、忙事业等，这些都可以让她暂时逃避心中的空虚与孤独。为他人服务固然是件好事，但在女性疗愈心灵的过程当中，这些行为反而会阻碍她感受并放下心中未了结的情绪。

> 为了摆脱内心的苦楚，女人要么会把大部分心思都放在别人身上，要么会彻底远离恋爱关系。

一朝被蛇咬，十年怕井绳。哪怕是出现小小的恋爱苗头，都会勾起内心痛苦的回忆与情绪。于是女人决定不再相信任何男人，让自己远离一切伤心、抛弃和背叛的感受。决心不再恋爱之后，她就不用再次去面对伤害，也不会感到心碎了。

现在让我们看看失去至爱之后可能会浮现出来的一些情绪和意识的反应。意识的反应俱在情理之中，但对心灵疗愈不会有任何效果。

### 表1 女人意识和心灵的不同反应

| 心灵感受 | 意识反应 |
|---|---|
| 我好挫败，好孤单！现在什么事情都要自己做了，好想有人来爱我，支持我。 | 接受现实吧。想要什么，就自己去争取。正是因为希望有人来帮你，才会发生这样的事情。 |
| 我好气馁，好孤单！没有人理解我，要是时光能倒流，该多好啊！ | 你根本没有那么需要爱，你已经为别人付出了太多太多，现在该为自己考虑了。好好照顾自己，是时候放下过去，开始新的生活了。 |
| 好担心自己再也找不到真爱，再也不会有人让我开心。好无奈啊，感觉自己什么都做不了。 | 我要学会让自己开心，过度依赖他人不是一件好事。试着向别人付出吧，这样会让自己开心点。 |
| 我感到很孤单，没有归属感，这让我非常不安。为什么？为什么？我做了什么？我到底做错了什么？难道我就这么不值得被爱吗？ | 抬起头来，喜怒不要形于色。不要倒下，坚强起来，这样你就不会成为别人的负担。 |
| 我好气愤，身边连爱我、支持我的人都没有！不应该是这样的，我应该拥有更多才对。如果就只是这样的话，我宁愿不要再去爱！ | 你对生活期待太多，世上没有什么东西是永恒的。是时候该放下了，好好照顾自己吧。 |
| 我好伤心，再也不会去爱了！生活好空虚，感觉心口有一个永远也无法填补的黑洞。 | 你不该说这样的话，想想生活中那些美好的事情，想想那些爱你的人。事情还没有到最糟糕的一步。 |
| 好怕自己永远也找不到生命中的真命天子，永远就这么孤单着，再也无法体验爱情的甜蜜，无法感受爱人的怀抱。 | 这正是为什么你要学会照顾好自己，你不需要任何人的帮助，你要坚强！ |
| 我好难过，生活变成了这个样子。简直糟糕透顶，我想要改变这无趣的生活。 | 多多考虑别人，不要总想着自己。忙起来！只要让自己忙碌起来，就不会觉得这么糟了。 |
| 我很愤怒，难以相信眼前发生的一切。简直难以接受，太不公平了！我绝不会让自己遭受这样的待遇。 | 你对爱情期待太多了。照顾好自己就可以了，要求不要太多，就不会这么容易受到伤害了。 |
| 心好痛，我曾经那么信任你！现在你却抛弃了我。你怎么可以抛下我？伤我伤得好深。你说过会永远爱我的！ | 失恋确实很痛苦，所以以后谈恋爱一定要小心谨慎，这样就不会再次受到伤害。你就是太相信别人了。 |
| 我很害怕自己一个人，不知道该怎么办，真的好痛苦。 | 没有另一半，你照样可以活得很好。事情还没有那么糟。至少你不会再被抛弃了。 |
| 好惭愧啊，我本来可以更爱对方。也许分手本可以避免，情况也有所不同，我觉得这一切都太不值了。 | 这些感受对你来说并没有什么好处。你应该开始爱自己，展开新的生活。还有很多事情都等着你去做。别人的经历可比你惨多了。 |

以上每个例子都显示出：心灵还在感伤失去的时候，意识已经准备好要继续前进了。已经做好调整的意识会用各种各样的理由来催促心灵尽快适应。女人在疗愈心灵的过程中，一定要避免寻求短暂的宽慰。相反，应该果断地给自己一些时间，打开心门，接受他人的帮助。现在可不是女人要去照顾别人的时候，而是要优先满足自我需求。更不应该隔离人际交往，而应该多出去走走，和朋友一起散散心。

**男人如何逃避失去之痛苦**

每个火星人都是问题解决高手。男人感到痛苦时，首先要做的就是想办法让自己摆脱这种痛苦。如果他在不了解痛苦是需要时间疗愈的情况下就贸然前行，会很容易把全部心思都投入工作，用工作来逃避或减少痛苦，或者会迅速开始一段新的恋情，以此来抚慰伤痛。

> 为了加快疗愈进程，男人要么会用工作来麻痹自己，要么会马上开始新恋情来抚慰创伤。

这也就解释了为什么很多男人可以那么快地从一段关系转到另一段关系。如果他的问题是失恋，那么他解决问题的办法就是重新谈恋爱。纵然他以迅雷不及掩耳之势开始了新的恋情，也并不代表他已经不再爱以前的恋人了。其实这恰恰反映出了这个男人有多么在乎她，这么做只是想要摆脱内心的痛苦而已。在某种情况下，失恋有多痛苦，男人进入下一段感情的速度就会有多快。这种无意识反应其实会带来严重的反作用。

> 男人快速地开始一段新恋情时，他的行为反映出他有多么在乎之前的恋人。

大多数男人天生不知道该如何疗愈心灵。火星人的人生哲学往往只对解决问题有效，对心灵疗愈却没有太大帮助。男人天生就不知道反复感受内心的情感波动其实就是心灵疗愈的一个必要过程。要想成功疗愈心伤，男人必须用更高层次的理性、认知和智慧来引导自己的本能与天性。

他必须懂得自我克制，不要马上做出新的情感承诺。当然如果他和新恋人都清楚他现在正处于恢复期，那么男人选择在新的恋情中寻求安慰，也是没问题的。经过几个月的疗愈后，男人的感觉可能会变。因此，这时做出任何承诺或誓言都是不明智的。

意识做好调整之后，男人可能会不自觉地阻碍心灵疗愈的自然过程。我们可以看看以下常见的语句，它们对解决问题很有帮助，但对心灵疗愈却没有任何作用。在下面的表格中，我们会分析一些不被意识理会或被意识小而化之的心理感受。虽然意识的反应听起来很合理，不过可以看到它们是如何抑制了那些可能还需要去感受的情绪，女人或许也会在这些例子中找到共鸣。记住：每个人，无论是男人还是女人，可能或多或少都会在本节阐述男女意识与心理活动的例子中找到自己的影子。

表2　男人意识和心灵的不同反应

| 心灵感受 | 意识反应 |
| --- | --- |
| 我好沮丧，很讨厌这样。太痛苦，太难熬了。感觉自己被掏空了。 | 咬紧牙关，继续前进，这又不是世界末日。 |
| 我好气馁，不知道该怎么办，好想就这样放弃！ | 你什么都改变不了，只能接受现实，继续生活。 |
| 我好担心，一切都无法挽回了，生活彻底毁了，一切都完了！ | 你不用这么担心。既来之，则安之，做好你该做的事情。 |
| 我感到非常不安，觉得自己就是个彻头彻尾的失败者，我该以何种颜面再面对大家，好窝囊啊。 | 事情已经发生了，现在你应该做的是爬起来，走出阴影，你有能力得到自己想要的。 |
| 真气愤，居然发生了这样的事情。不应该是这样的，我绝不容忍这种事，以后也绝对不会让它再次发生！ | 生活本就不公平，所以忘掉这件事吧。你不需要任何人，只需要照顾好自己就行。天涯何处无芳草，何必单恋一枝花。这又不是世界末日。 |
| 我受不了这种痛苦，真的好难过，感觉自己被抛弃了，孤零零的一个人。任何事都不会让我再开心起来了。 | 你还打算这样继续下去多久？这只会让事情更加糟糕，珍惜眼前吧。 |
| 很怕自己再也找不到真爱。我已经失去了太多，万一情况变得更糟了，该怎么办？ | 别瞎操心，这又不是什么大不了的事情。随它去吧，你要开始自己的生活。 |
| 感觉很难受，也很后悔。要是我当初不那样做的话就好了。上天啊，求求你再给我一次机会吧。 | 嘿，没有人是完美的。对于过去，你现在也做不了什么。消停一会儿，然后好好过日子吧。 |
| 居然发生了这样的事情，简直让人怒不可遏。不应该是这样的，我无法接受！ | 你到底在在意什么？从现在开始照顾好自己就行了，你不需要什么安慰。 |
| 我很受伤，你曾经承诺过会爱我一辈子的。你怎么能就这样离开我？ | 振作点，别像个小孩一样。成熟点，相信你可以处理好，继续向前走吧。 |
| 我好害怕，好绝望，感觉再也不会幸福了。怎么会发生这样的事情。 | 一切都已成定局，你不能永远这样下去，你必须接受现实。 |
| 我好惭愧，本不该让这样的事情发生的。 | 事情已经发生了，不要再哀怨了，处理好它吧。 |

通过以上例子，我们可以清楚地看到意识否定心灵感受的方式。其中，有些例子或许不仅说出了意识的想法，也表达了身边一些朋友想要对你说的话。朋友刚开始的时候会表示同情，但在看到你连续数周都沉浸在痛苦之中时，他们也会催你尽快开始新的生活。尽管是出于好意，不过这样的建议却会适得其反。

> 朋友刚开始的时候会表示同情，但在看到你连续数周都沉浸在痛苦之中时，他们也会催你尽快开始新的生活。

他们的想法与你的意识相同，都认为你现在投入这么多的时间到疗愈上只会让事态变得更加糟糕，觉得你太放纵自己了。从他们的角度来看，你不能一直为打翻了的牛奶而哭泣。他们不知道的是，这些情绪之所以会反反复复，其实都是有原因的。

> 意识已经准备好接受失去的现实了，但心灵还需要更长的时间。

有了正确的方向和充足的时间，你最终会驱散绝望的阴霾，再次迎来爱与喜悦的光芒。一定要意识到如果没有给自己充足的时间去疗愈心灵的话会有怎样的后果。即使上一段感情没有温柔缱绻，也没有相濡以沫，分手后仍然需要进行心灵疗愈。下一个小节将会深入分析在为失去至爱而悲伤的过程中会遇到哪些问题与挑战。

# ♥ 4. 为失去的至爱而悲伤

为失去的至爱而悲伤，是指在失去至爱的时候，首先要完全感受心中涌现出来的所有痛苦情绪，然后再一一释怀。这是一个自然而然的过程，不过人们往往会在不知情的情况下以这样或那样的形式阻碍疗愈的进程。正如上一节所分析的那样，一个常见的错误就是过快地进入新生活，没有给自己充足的时间来感受悲伤。而另一个错误就是不允许自己去一一感受内在的情绪。

失去伴侣或结束一段关系时，我们会感到心碎和遗憾，但这种情绪仅仅只是悲伤过程的一部分。要想放下对某个人或某段感情的依恋，就必须去感受心中的其他情绪，然后一一释放。

**四种疗愈性情绪**

放下依恋的必要条件，就是要感受四种疗愈性情绪：生气、悲伤、恐惧和遗憾。如果你还在生气或悲伤，就说明你心里还依恋着对方。如果还有恐惧和遗憾的感受，说明你的心门还没有打开，还没有准备好迎接新的开始。要想放下过去，重新开始，这里的每一种疗愈性情绪都至关重要。它们在放下依恋、复位心灵的过程中具有不可或缺的作用。

就像骨头断了，必须先接骨才能慢慢康复一样，我们也需要先重设心里的需求。与其只盯着一个方向去寻求需要和满足，不如重新设定方向，打开心门，接受新的爱与帮助。挖掘并充分感受这四种疗愈性情绪可以让我们获得释放，并重新调整诉求、期待、需求和希望。在这个过程中，每一种疗愈性情绪都会发挥重要的作用。让我们一起深入分析其中的奥妙吧。

### 疗愈性情绪 1：生气

生气可以让我们感性地认知那些已经发生但自己根本不想发生的事情。这种情绪认知表明我们并没有得到自己想要的，同时也会发出一种警报信号，命令我们停下来，做好调整，适应已经发生的局面。失去至爱后，除非我们允许自己生气，否则很可能会一直处于哀莫大于心死、悲莫过于无声的状态。而生气会让我们从这种心灰意冷的状态中解脱出来，重新点燃对爱和生活的激情。

> **感受并释放生气的情绪，才会重新点燃对爱和生活的激情。**

只有感受到生气的情绪，我们才能放下对过去诉求的依恋，开始在心无所恋的情况下感受新的诉求和需求。如果这种需求没有任何依恋，我们就可以完全敞开心扉，拥抱无限可能的未来。从过去的"我只想要他 / 她的爱"变成现在的"我想要获得爱"。不再依恋会指引我们重新获得爱与支持。

### 疗愈性情绪 2：悲伤

悲伤可以让我们感性地认知那些自己希望发生却没有发生的事情。

这种情绪认知表明我们想要发生的事情并没有发生。失去至爱后，除非我们允许自己伤心，否则就难以调整期待，把握当下。通过悲伤，我们会再次懂得珍爱、重视并享受当前所拥有的一切。生气可以让我们重新点燃生命的激情，而悲伤则能让我们再次感受爱的甜蜜。

> **感受并释放悲伤的情绪后，我们才会再次敞开心扉，重新感受爱的甜蜜。**

只有感受悲伤的情绪，我们才能放弃对抗，慢慢接受失去至爱的事实。也只有这样，才能够调整曾经的期待。回忆那些曾经想要发生的事情，感受它们之间的细微差别，是重设期待的必要条件。从过去的"我只期待他 / 她的爱"变成现在的"我期待获得爱"。不再依恋会让我们充满自信与肯定，相信自己能够获得想要的一切。

### 疗愈性情绪 3：恐惧

恐惧可以让我们感性地认知那些我们不想要发生却有可能发生的事情。其实恐惧不是厄运的征兆，而是一种情绪认知，表明我们不希望这些事情发生。对可能发生的事情的恐惧与抵制，可以让我们再次感受内心的脆弱，也能明白当下的自己到底需要什么，同时可以依靠什么，从而帮我们敞开心扉，接受必要的帮助，让内心充满勇气与感激。

> **感受并释放恐惧的情绪后，我们才会明白当下的自己到底需要什么，同时可以依靠什么。**

只有感受到恐惧的情绪，我们才能够根据当前可以获得的一切来调整自己的需求，而不是一味追求已然不属于自己的东西。从过去的"我只需要他／她的爱和支持"变成现在的"我需要爱和支持"。不再迷恋会让我们充满力量，勇敢地为爱重新出发。

**疗愈性情绪 4：遗憾**

遗憾可以让我们感性地认知那些我们希望发生却不可能发生的事情。这种情绪认知表明我们所希望的事情不可能发生，它对我们放下一段感情依恋具有至关重要的作用。遗憾意味着我们无力改变已发生的事实。明白了有些事是不可能发生的，我们就会关注那些可能实现的事情，于是会开始接受他人的同情与关心，从而疗愈内心的伤痛，让心中再次充满爱。遗憾平复过后，眼前呈现的便会是一片平静。

> **感受并释放遗憾的情绪后，我们才会关注那些能够实现的事情。**

只有感受到遗憾的情绪，我们才能够放下过去的期望，最终找到新的希望。从过去的"我只希望他／她陪伴在我身边"变成现在的"我希望获得爱"。不再依恋会让我们再次满怀憧憬，为爱重新出发。只有新的希望之光显现了，爱的暖流才会再次流淌于心中。希望破晓之际，穿越了绝望黑夜的我们才得以长舒一口气。

以上每一种疗愈性情绪对心灵疗愈都具有不可或缺的作用。没有哪一种情绪更好，我们感受这四种情绪的顺序也没有严格规定。通常情况下，我们在失去至爱或极度失望的时候会先感受到生气，再是悲伤，然后是恐惧，最后才会感到遗憾。但不同情况下，疗愈性情绪的出现顺序会因人而异。

对这四种情绪的了解，可以帮助我们充分体会到内心的感受，完成心灵疗愈。哪怕只是忽略了其中一种，结果都会延误甚至阻碍整个疗愈过程。所以为了更加恰当有效地为失去的至爱而悲伤，我们必须确保自己能够一一感受到每一种疗愈性情绪。

### 消极情绪有助于我们改变方向

当我们正朝着一个方向开车，突然想停下来掉头的时候，就必须先踩刹车。感受四种疗愈性情绪就相当于转弯之前先踩刹车。虽然意识已经知道要转方向，但心灵要先踩一下刹车。所以，要想成功改变方向，再次为爱打开心扉，首先就不能压抑情绪，必须让它们释放出来。

为失去的至爱而感到悲伤正是释怀的必要阶段，可以让我们毫无束缚地转变方向，同时也会调整我们的诉求、期待、需求和希望。只要不再与过去的爱人藕断丝连，我们就能展开双臂，拥抱更多触手可及的爱。

> 只要不再与过去的爱人藕断丝连，我们就能展开双臂，拥抱更多触手可及的爱。

只要先意识到了这一点，往后就能逐渐放下对过去爱人的依恋，继续向前看，开始新的生活。如果还有情感上的痛苦，说明你还执着于已经不属于自己的东西。感受每一种疗愈性情绪的痛苦最终会让你获得释然。就好比有人给你抛了一个烫手山芋，你的第一反应肯定是马上把它丢掉，同样地，当你充分感受到那种执着的痛苦时，你就会主动放下了。体验四种疗愈性情绪可以让痛苦逐渐消散，最后发现一切都会往事如风。

> **当你充分感受到那种执着的痛苦时，你也就会主动放下了。**

然而，倘若你不能感知自己情绪的所有变化，就很容易会被某种情绪所困，从而沉陷于消极的情绪中无法自拔，感受不到心底真实的情绪，更不知道该如何获得抚慰。沉陷，是指不管你在某种情绪上花了多长的时间，都不能把它化解。因为无法放下，最后就会变得麻木；也因为无法打开心门，迎接爱与幸福，最后就会自我封闭。

> **非但感受不到心底真实的情感，更不知道该如何获得抚慰，反而还会陷入消极情绪的泥潭，无法自拔。**

要想完成为失去至爱而悲伤的全部过程，就必须充分感受到每一种疗愈性情绪。不幸的是，大多数人都因不知道其中的奥秘而无法完成心灵疗愈的整个过程。失去至爱后，他们通常只会感受到一两种疗愈性情绪，在今后的生活中他们就会一直有一个打不开的心结。接下来的章节将会探索如何确保自己不被困在任何消极的情绪中，可以展开新的生活体验，享受更多的爱、喜悦与平和。

## ♥ 5. 走出困境

从上一节中，我们已经对四种疗愈性情绪有了新的认知，也知道了单靠感受内在的情绪不会一直奏效。有时候沉浸在情绪中很容易无法自拔，结果非但不会感觉好些，反而会更加心灰意冷。就仿佛处于流沙一般，你越是挣扎逃离，就陷得越深。

有了几次这样的经历后，你就会竭尽所能地去回避那些消极情绪了。也许短时间内，这么做可以逃避或尽量减少情感上的伤痛，但这种短暂的慰藉是有隐患的。

> 压抑或麻痹内心的消极情绪，反而会导致你逐渐失去对积极情绪的感知力。

和孩子们在一起非常开心的一个原因就是孩子对情绪的表达十分饱满。如果他们看到你很开心，那就是真的感受到了愉悦；如果他们爱你，那就是真的感受到了爱。曾经孩提时的你也能充分表达自己的情绪，如今成年后，你或多或少失去了这种能力，在生活的种种压力下，渐渐麻痹了自己的情感。如果再也感受不到生气、伤心、恐惧和遗憾的话，那么最终对爱、喜悦、感激和内心平静的感知力也会逐渐丧失。只有不再压抑自己的消极情绪，心中的枷锁才会打开。

> 要是无法再感受到心中的消极情绪，对积极情绪的感知力也会逐渐丧失。

当然，人们在不了解，也没有体验过消极情绪释放过程的情况下，肯定担心自己会被它们击垮。不过请放心，只要学会了感受四种疗愈性情绪的正确方法，不但可以让心里的伤口愈合，而且还会让自己的心变得比以前更加坚强。现在似乎很难想象，但心灵疗愈之后，我们一定会比过去更懂得热爱和享受生活。

### 一部恐怖电影

我还记得自己第一次想到"需要去平衡内心感受"的场景。大约38 年前的某一天，我正在一家电影院里等着看一部恐怖片。我不喜欢看这类电影，不过我朋友对我说这部电影其实也是一部讲述心灵的影片。尽管这只是一部电影，我还是感到很紧张、很焦虑。等候期间，我对这部电影的恐惧感就开始冒出来了。

当时电影院里就我和女友两个人。就在影片即将开始时，一个戴着牛仔帽、人高马大的男人坐在我的正前方。在这么一个空荡荡的影院里，他硬是坐在我前面，把我的视线挡住了，毫不顾及别人的感受。"真没素质。"我心想，火气噌地蹿了上来。我那时根本没想到其实他是无意挡住了我的视线。因为他很高，所以他从来没有在电影院体验过视线被挡住的感觉。

那时我还没有掌握基本的沟通技巧，做到礼貌地让他移一下位置。

相反，我坐在那里越来越生气。三四分钟后，我决定去报复他。于是我站了起来，带着女友径直坐到了他的正前方。后来我才发现他根本就不在乎，甚至都没注意到刚才发生了什么。

我坐在那里觉得很生气，不过因为自己刚才的举动，又觉得好受了些。那时我发现对电影的紧张和焦虑都不见了。继续等待电影放映的过程中，也不再觉得紧张。不知道怎么地，我生气的时候，心里的焦虑就一下子消失了。

我推断自己平时对生气情绪的压制（除非真的被激怒了）会在不知不觉中加强内心的恐惧感。所以当我拒绝生气的时候，就会觉得越来越恐惧。为了检验这一点，我发明了一种方法。只要一感到焦虑，就让自己生出一点点气愤的情绪，焦虑瞬间就被缓解了。用气愤的情绪来平衡恐惧，焦虑也就消失了。

## 新发现

有了这样的发现后，我开始分析我的客户是如何被各自的消极情绪所困。有些人因为不会哭而气愤不已，久久不能平复；而有些人则因为不会生气而痛哭不已，经常落泪。最后，这些人都会在痛苦中无法自拔。由于没有用充足的时间去感受悲伤或生气，他们心中的恐惧和不安全感会慢慢地麻痹其他的情绪。此外，还有一些人会因为无法面对恐惧而深陷懊悔与遗憾当中，无力再去付出爱。

人们被困住的情况之所以会那么多，是因为过去的影响阻碍了他们认知并感受一种或两种疗愈性情绪。我发现每一种消极状态都是消极情绪不平衡的结果。只要正确平衡，疗愈就会自动开始，舒心、平和、爱、理解、宽容和信任等积极情绪就自然而然地取代消极情绪。

> **所有消极状态都是消极情绪不平衡的结果。**

这是对消极情绪的全新看法。在认识到这点之前，我一直认为消极情绪只会带来问题，不会带来解决方案。有了这样全新的认知后，我不再鼓励客户努力摆脱消极情绪，或想办法表达出来，而是帮助他们提升对消极情绪的认知，从而了解四种疗愈性情绪的作用。尤其在他们困在某种情绪中时，切换到另一种情绪几乎每次都可以让他们迅速得到缓解。面对面咨询成千上万名客户以及在课程现场手把手辅导学员之后，我最终发展并完善了对四种疗愈性情绪的全新理解。

### 愤怒，难以平复

如果一个人感受不到悲伤、恐惧或遗憾，他就很容易一直处于生气状态。在社会影响下，男人在承认自己有悲伤、恐惧和遗憾情绪这一方面尤其困难。相比之下，人们更接受男人生气的情绪。这样的约束让他们付出了沉重的代价。因此，在他们终于体会到其他消极情绪时，会感到不知所措，仿佛一生中所有的伤痛都纷纷涌现了。要处理起来的确不易，但如果一个男人能够完完全全地感受悲伤的整个过程，那他就能彻底打破社会附加给男人的很多约束。

不管是男人还是女人，如果无法承认并分享内心的恐惧与遗憾，那么付出和接受爱的能力就会受到限制。当男人伤心却无法承认自己脆弱情感的时候，他可能会在后来的关系中苛求、防备或冷漠。他一感觉到越来越多的爱与亲密感，心中未了结的悲伤、恐惧和遗憾就会苏醒。

为了避免再次面对这些未了的情绪，他的第一反应就是把这些爱与亲密感都抛诸脑后。但也因此，他会开始觉得自己无力得到需要的东西，对心中的情绪也会感到困惑，甚至质疑自己。不过他还是会像以前那样把这些感觉都压制下来。他觉得这些做法合情合理，却因此变得越来越苛求、防备和冷漠。

### 脆弱情感，无法释怀

同样，如果一个人无法感受自己生气的情绪，那他 / 她就很容易一直处于悲伤、恐惧或遗憾的状态。女人在承认自己生气这一方面尤其困难。人们往往会在女人说"不"或表达生气的时候表示不满，这是不对的。在女人还是小女孩的时候，就被教导要讨人欢心，而且要心无所求。社会通常会让她们展现出甜美可爱的一面，而不会鼓励她们划清界限，或表达生气的情绪。

> 在女人还是小女孩的时候，就被教导要讨人欢心，且要心无所求。

为了疗愈内心的伤痛，女人必须克服长期以来对情绪表达的束缚。想要再次获得真爱，允许自己生气是必不可少的。若无法清楚地感受到生气的力量，女人心中的恐惧、悲痛和遗憾就会被无限放大。伤过心的女人通常不会再次坠入爱河，避免自己再次陷入黑暗的情感旋涡中。

除非能够发泄生气的情绪，平衡脆弱的情感，否则任何想谈恋爱的念头都会勾起那些未了结的情绪。为了逃避这些不舒服的感觉，女人很可能决定从此不再恋爱。只要女人无法感受并释放内心的愤怒，就不能够放下心中的痛苦，从此变得心灰意冷、疑心重重，甚至固执己见。最后她自己变成为爱重新出发的最大障碍。

### 情感表达与性别无关

女人通常难以感受并释放生气、狂躁的情绪，男人则通常难以感受内在的脆弱情感，但这些差异并非与生俱来。我们感受情绪的能力不会因性别而不同。事实上，这种能力会极大地受到父母、社会及早年经历的影响。其实，男人和女人同样都需要感受四种疗愈性情绪。

> 我们感受情绪的能力不会因性别不同而不同。事实上，这种能力会极大地受到父母、社会及早年经历的影响。

在社会大环境的影响下，男人已经学会压抑脆弱的情感，女人也会抵制狂躁的情绪，但还是会发生很多例外，尤其是在心灵受到创伤的时候。情况允许时，男人也会像女人那样感受到内心的脆弱，女人也会像男人一样发泄心中的狂躁。

作为情感咨询师，我反复见证了咨询者，不管是男人还是女人，只要能够同等地关注到每一种疗愈性情绪，心灵疗愈的过程就变得非常高效。我发现了一个普遍规律：咨询者最容易感受到并经常谈起的情绪其实是对其他情绪的掩饰，只不过是冰山一角罢了。

只有挖掘意识层面下的深层感受，才能完成疗愈过程。通常情况下，只有回到过去的某个时间点，挖掘过往未了结的痛苦情绪，才能真正全然释怀。只有表达出了四种疗愈性情绪，他们才能毫无拘束地体会到心底埋藏的积极情绪，重新感受到爱、理解、宽容与感激。让我们一起来看看例子吧。

### 难以平复的悲伤与恐惧

玛丽的丈夫理查德 38 岁时死于心脏病。他去世 5 年后，玛丽来到我这里咨询，面容憔悴，她告诉我理查德的离去带走了家里的欢声笑语，她的生活变得非常空虚。当我问起她关于悲伤的过程时，她说她已经伤心了好几年，但始终没有真正走出来。当时的她悲痛欲绝，连续哭了好几个月，却丝毫没有感受到慰藉。多年来，她不敢想再去开始一段新恋情。她的父亲过世得早，所以这次丈夫的离去给她带来了不小的打击。这种强烈的痛苦已经让她不敢再去爱。也因此，她一直抵触与其他男人交往。

> **失去至爱时，我们或许会痛苦到不敢再去爱。**

允许自己发泄生气的情绪后，玛丽终于放下了内心的恐惧和悲伤。在向我咨询之前，她从来没有想过要生气，因为这样做显得自己太缺乏爱意了。多年来，玛丽一直都在感受遗憾、悲伤和恐惧，却总是无法从悲伤的阴霾中走出来。允许自己去挖掘、感受并表达出心底的愤怒后，她终于找回了继续前进的力量，也能够重新去寻找属于自己的幸福。其间，她甚至表达了对上帝的愤怒，因为他带走了自己的父亲。感受内在的愤怒让她重新找回了对爱和生活的激情，也让她最终鼓起勇气为爱重新出发。当她接纳了生气的情绪时，恐惧才最终被化解。

### 难以平复的愤怒与怨恨

汤姆很高兴自己离婚了，终于逃脱了婚姻的围城，重获自由。他还没离婚的时候，简直万念俱灰，他认为无论自己怎么做，妻子都不会感到满意。无论他说什么，妻子都觉得是错的。他对此这样解释："她就是要求太多了，生活毫无乐趣可言。婚姻应该是快乐的。"

离婚后，他过上了自由自在的快乐生活。可以随心所欲地玩音乐，自由安排时间，吃想吃的东西，看想看的电影，这种感觉实在太棒了！他开始约会，过得非常开心，但是只要一到确定关系的时候，他就会想退缩。对于他来说，似乎每一个女人最后都会变得有无穷无尽的要求，就像前妻那样。

虽然汤姆是个积极乐观的男人，也由衷地希望前妻能过得幸福，但他谈起前妻的时候依然会感到生气，为自己当初的努力从来没有得到认可而愤愤不平。他应对愤怒的方式只是责备，然后逃离，并从此保证不再和这类苛求的女人谈恋爱。显然，他已经在自己还没有意识到的情况下，陷入了生气的情绪，而这样的状态已经影响了他的恋爱关系。每次新恋情只要一发展到关键时刻，他就会开始恼怒，责备恋人，然后转身离开。

> 现在对失去至爱的处理方式可以反映出将来对待爱情的方式。

汤姆希望自己另一半的性格开朗阳光，并且会对他表示百分百满意。他觉得自己是一个很随和的人，希望爱人能和自己一样。当一个女人对他表达出更多要求的时候，他立马就会产生防御心理，责备对方要求过多，却没有意识到自己所希望的两性关系是不切实际的。他没有看到自己其实才是苛求的一方。

咨询过程中，汤姆慢慢了解到原来自己的期望是多么不切实际，明白了男人和女人对不同事情会有不同反应是完全正常的，而在一段恋爱关系中也需要彼此接受这些差异。虽然他已经在意识上接受了女人需要表达消极情绪的需求，但是爱人愁眉不展的时候，他还是会感到很烦躁。为了在情感上调整对两性关系的期待，汤姆必须完成心灵疗愈的过程，首先他就要了解 6 年前的自己是如何没有为失败的婚姻而充分悲伤的。

> 为了在情感上调整对两性关系的期待，我们必须完成心灵疗愈的过程。

汤姆离婚的时候，完全没有想过要去挖掘感受四种疗愈性情绪。那时，他只觉得如释重负，根本没有意识到心里还有伤口需要治疗。当我们谈起曾经发生的一切时，他会有些生气，一点儿都没有伤心或遗憾，只是高兴这段婚姻终于结束了。

后来，在回忆自己与前妻刚开始谈恋爱是什么感受时，他才会感受到一些悲伤与失望。很显然他在感受这些情绪方面受阻了。然后我又让他去回想过去某一个失望的时刻，他想起了父亲去世的时候，那一年他才 12 岁。

汤姆的父亲死于一场车祸，这对他和母亲来说是一个毁灭性的打击。葬礼上，有个人对他说："为了你妈妈，一定要坚强起来。"于是他努力憋回眼泪，掩饰内心的悲伤，努力让自己阳光开朗起来，尽量不成为母亲的负担。回想那段时间，他的心中涌起了生气、悲伤、恐惧和遗憾这四种疗愈性情绪。渐渐地，汤姆幼小时在心灵留下的伤痛也得到了疗愈。

> 如果某种情绪还困在过去的某件事情中，除非这种情绪得到疏解，否则就很难充分感受到那个层次的情感。

成年后，由于这些情绪依然残留在心底，汤姆无法容忍爱人的悲伤和失望。只要他不愿意感受自己的悲伤和痛苦，就无法容忍恋爱关系中出现的任何失望，并且会用愤怒和责备来防御自己。

接纳了自己的情绪后，汤姆逐渐调整了自己对两性关系的期待，也开始去了解爱人有时候需要感受忧愁的情感需求。经过了这个至关重要的调整之后，他终于减少了自我防卫心理，也降低了对爱人的要求。

### 遗憾不已，顾影自怜

黛安娜曾有一段12年的婚姻，丈夫雷克斯当年为了年轻漂亮的女秘书狠心抛弃了她。这10年来，黛安娜始终保持单身。谈到雷克斯的时候，她语气中透露着自怜与绝望。她认为雷克斯几乎毁了自己的一生。多年来，她不断倾诉自己的遭遇，但依然无法释怀，也无法开启新的生活。在她看来，生活中一切的美好皆一去不返了。

黛安娜一直困在遗憾当中，久久不能走出去，也无法开始新的生活。只要她还想着雷克斯，就会一直逃避再次被拒绝的恐惧。内心深处对自己极度不自信，觉得自己不值得被爱，更害怕再也不会有人爱她了。除非她愿意承认内心的恐惧，否则这种害怕将永远无法释怀。

这就是在感受消极情绪时会面对的问题。其中大部分是毫无根由的，主要基于人们的错误偏见。要想放下这些偏见，我们首先必须感受这些消极情绪。为了维护自尊心，黛安娜甚至对自己都不敢袒露心里的恐惧，不愿承认自己害怕再也无法找到爱情。

**要想放下错误的理念，我们必须首先要去感受消极的情绪。**

咨询过程中，通过回忆自己和雷克斯的恋爱时光，她开始感觉到了悲伤。想起了自己曾经有多么爱他，勾起了他们在一起度过的那些美好时光，也记得雷克斯离开的那天，她的内心有多痛。悲伤的同时，她又进一步感受到了更深层次的情感，发现自己一直都担心再也找不到真爱，害怕付出信任后会再次受伤。

感受到恐惧之后，我又让她去回想更早的时候发生的另一件也让她害怕的事情。她想起了父亲以前经常对母亲大吼大叫，十分刻薄。虽然父亲并没有这样对待黛安娜，但她还是害怕有一天他会这么对自己。为了不让父亲生气，黛安娜努力表现得乖巧懂事。在内心深处，她一直坚信：如果她无所顾忌地表达自己的想法或做自己想做的事，就会失去父亲的爱，并受到惩罚。

不过父亲并没有对她刻薄，所以她很难生气。其实，黛安娜并不知道自己可以对父亲生气，因为他没有尽到父亲的责任，从来没有给过女儿安全感，让她不敢做真实的自己，更没有花时间去了解女儿是个什么样的人，有着怎样的感受，想要什么，又需要什么。这个全新的视角给了黛安娜生气的理由。允许自己对父亲一直以来的忽视表达愤恨后，她终于放下了心中的恐惧。

### 再次迎接爱

这种方法经过成千上万次验证后，我发现通过充分感受每一种疗愈性情绪，无论是来咨询的客户也好，还是心灵疗愈课程的学员也罢，都能释怀过去的伤痛，重新敞开心扉，并在生活中不断获得爱、满足与成功。人们通常情况下可以很好地体验到两到三种疗愈性情绪，有时还会过度沉浸其中，但是除非他们能够感受到缺失的那部分情绪，否则往往很难成功走出伤痛，开始新的生活。

大多数案例中，当人们被困在某种特定情绪时，最有效的方法就是回忆过去另一个相同情绪未得到充分表达、承认和接受的场景。只要知道了要找什么，那么找起来就会容易得多。在合适的提问中，那些缺失的情绪也会渐渐浮现。

要想像上述案例中的朋友那样打开自己的心门，务必要谨慎消除过去所带来的影响，充分体验四种疗愈性情绪。除了过去的影响外，其实还有其他方式也会在我们感受某种特定疗愈性情绪的过程中形成阻碍。下一节，将会分析人们是如何在失去时无法感受到四种疗愈性情绪的。有了新的体悟后，我们才能专心地去挖掘那些缺失的情绪，从而完成整个疗愈过程，让心灵再次充满爱、包容、理解和信任。

## ♥ 6. 好的结尾才能带来好的开始

没有一个人会在恋爱的时候，就想："我们在一起吧，先开开心心地过几年，然后再痛苦地分手！"每个人在坠入爱河时，根本就没有想过会失去这份爱。正处于热恋中的我们总以为会相守到老，但这份爱情是有可能失去的。一旦这样的事情发生了，心碎在所难免。

不管出于什么原因，一段亲密关系的终结对任何人来说都是一个致命性的打击。在失去至爱后，感受这份悲伤的方式也会对今后的人生产生决定性影响。无论是因为死亡、离异还是因为其他因素导致一段亲密关系结束，我们都必须慎重关注悲伤疗愈的整个过程。好的结尾才能带来好的开始。

> 无论是什么原因让一段亲密关系走到尽头，我们都必须要慎重关注悲伤疗愈的整个过程。

想要重新开启生活，再次寻找真爱，就必须充分感受失去至爱的悲伤之痛。然而，由于每段感情结束的情况不同，使得心灵疗愈的过程令人捉摸不透，也难以进行。如果不清楚自身的需求，就可能会在不知情的情况下，以多种方式阻挠心灵疗愈的自然进程。

**为不幸悲伤**

我曾在序言中提过，自己在度蜜月的时候接到父亲去世的电话。那一刻，犹如晴天霹雳般，我彻底僵住了，心中燃起了熊熊怒火，更是惊恐不已。我不禁号啕大哭："怎么会发生这样的事？到底是谁干的？这不是真的，这不公平！为什么会有人做出这样的事？"

尽管我帮助过很多人走出困境，但自己还没有亲身经历过这般撕心裂肺的打击。在家人、朋友及心灵疗愈课程的帮助下，我最终充分体会到了内心的复杂情绪，完成了整个疗愈过程。刚开始时，我还以为自己将会永远活在痛苦之中，但心里的伤口却随着时间慢慢愈合了。痛苦消失后，我的心中充满了包容与关爱。我从未期待或想象过自己会在这次经历中成长、长大。

> **伤口愈合后，剩下的只会是温馨的回忆和平静。**

正如前文所讲，父亲在路上搭载了一个搭顺风车的人，这个人后来抢劫了他，并把他扔到汽车后备厢里。在后备厢中躺了几个小时后，父亲最终死于中暑。葬礼结束后，我很想再现父亲当时的情景，想亲身感受当时他到底经历了什么。在母亲和兄弟姐妹的陪同下，我钻进了父亲车辆的后备厢，让他们关上了车盖。

躺在后备厢中，我感觉这里并没有想象中那么狭小，我可以清楚地看到父亲当时用螺丝刀敲击车盖所留下的痕迹。他那时应该一直希望有人会听到他的叫声，赶来救他，所以一直在敲击车盖。我还看见他曾想撬开车锁的地方。接着又发现他还拉开了一个尾灯的灯罩，好让空气可以进来。

我鬼使神差般地把手从灯罩的那个洞伸出去了。当我把手收回来时，弟弟在外面说："你试试看能不能把手伸出来，按到后备厢的按钮。"我尽量把手从洞口伸出去，朝着按钮的方向摸，然后按下了按钮，后备厢的盖子居然打开了！

所有人都震惊了！如果父亲当时能想到这点的话，就能活下来了。在人们拼命想要逃出后备厢时，往往会忘记思考自己当初是怎么进来的。当然我也没有想到这一点，还是弟弟在外面提醒了我，我才注意到了这个按钮。因为没有想到这个方法，父亲就这样被困在了后备厢里，直到死亡。

父亲去世后的几个月里，我一直对他所遭受的抢劫与虐待感到愤恨，哀痛他已经永远地离开我们，同时也表达出害怕自己有一天也会死在后备厢中，更遗憾自己什么都做不了，不能救回父亲，也无法阻止他的遭遇。直到后来，倾听了相同遭遇的人的经历，和他们相互交流后，整个疗愈过程才变得容易起来。虽然这会勾起心底的伤痛，但却也有助于伤口疗愈。

> **只有感受到痛苦，才能将其疗愈。**

渐渐地，回忆父亲已不再是痛苦的心结，相反它变得更加轻松了。虽然还是不喜欢谈起过去发生的事情，但我知道这是疗愈的必要阶段。多次分享后，我开始感受到了父爱的温暖，也感受到了自己对父亲的爱。这是一个重要的转变。失去至爱的人后，再回想起过去时，如果感受到的是满满的爱，而不再是痛苦的话，这就说明心灵疗愈已经完成了。直至今日，每当我想起父亲，想到他的不幸时，一种奇妙的爱与平和就会涌上心头。

> 回想过去，如果感受到的是满满的爱，而不再是痛苦的话，这就说明心灵疗愈已经完成了。

我觉得自己很幸运，懂得该如何去感受失去的悲伤。世界上不知道有多少人在经历了失去亲人、爱人或朋友的不幸后，就再也找不到前进的动力了。他们多年来一直默默承受着那份痛苦，无法寻回心里的平和。由于不知道心灵疗愈的方法，伤痕便一直难以修复。

### 失去人生伴侣

当伴侣在一次事故中不幸去世时，一定要告诉自己不能永远陷入悲伤之中，这一点很重要。在不知道该如何疗愈伤痛的情况下，人们很容易把悲伤的情绪和对伴侣的爱混淆在一起。

> 人们通常误以为：真心爱一个人的话，就会一直感受到失去他／她的痛苦。

由于没有了解到这一点，所以即便是想要让自己感觉好一些，舒服一些，甚至想要真正开心起来的念头，看起来似乎都会减弱对失去至爱的真实感受。重新开心起来仿佛意味着要遗忘曾经的爱人。失去深爱的伴侣后，我们甚至觉得再谈恋爱就是一种背叛。这种想法极大地阻碍了心灵疗愈的自然过程，让我们永远都不能做到真正地放下。

如果在意识上觉得放下悲伤就是"不爱了"的表现，我们就会把这种伤痛一直留存心底。意识在压抑消极情绪的同时，也会压抑积极情绪，从而让我们无法放下心中的痛苦。

> 为了完全疗愈心里的伤口，我们不仅要感受内心的消极情绪，而且要允许自己放下伤痛，重新快乐起来。

最后，当心灵完成疗愈，再回想起失去，或许还是会有些许悲伤和思念，但更多的是会感受到自己对爱人温暖的爱。回忆起曾经那些特别的时光已经不会再引起痛苦，而是会带来内心的平静与感激。不再感到空虚和孤独，我们会感觉到身边充满了爱与支持。生活也翻开了新的篇章。

也许有些人会觉得永无止境的悲伤正代表了爱的深沉与永恒，其实不然。毫无疑问，爱是出自真心的，但如果不完成感受悲伤的整个过程，那么等待着的就会是绝望的未来。无尽的遗憾并不能证明永恒的爱情，它反而说明了有心病急需就医。没有人会想要冷冰冰的生活。比死亡更悲哀的就是永远带着一颗破碎的心去生活。为爱重新出发其实并不意味着就不再爱已过世的伴侣了。

> 在心碎中度过一生，远比死亡更悲哀。

不过即便认识到这一点，可能还是会无法走出情绪低谷。但是如果此时还能继续坚持寻找的话，就一定会找到那份缺失的情绪。只有知道自己要找的是什么，才能从悲痛中解脱出来，否则很容易让自己的一生都笼罩在痛苦当中。这也是为什么全面了解并感受四种疗愈性情绪的步骤如此关键，而仅仅只是简单地感受内心情绪波动是远远不够的。大多数情况下，我们必须在内心世界中探寻到那种缺失的情绪。

> **仅仅只是简单地感受内心情绪波动还远不能完成心灵疗愈。**

受到生活环境的影响，我们已经习惯了压抑心中的某些特定情绪，要想一下子把它们都找出来并非易事。过去形成的行为反射会让我们无法自由地感受到四种疗愈性情绪。这时，心理咨询师、心灵疗愈的课程、各种形式的互助团体以及一些自助练习就必不可少了。在它们的帮助下，我们可以打破过去的行为反射，从而感受到心底一直隐藏着的情绪。

### 疗愈心灵的力量

虽然已经具备了自我疗愈的能力，但在此过程中，我们仍然需要他人的帮助。医生骨折了，就算知道该怎么治疗，也还是需要找另一位医生来帮自己治疗。同样地，心受伤了，也需要有经验的人的帮助，当然还有他人的关心与呵护。这一过程是无法独自完成的。

在心灵疗愈的课程或互助团体中，隐藏的情绪很容易被挖掘出来。它们之所以会自然浮现，其实就是因为其他人正在分享这种感受。单靠自己，可能永远都无法感受到，但在心灵疗愈的课程氛围中，那些隐藏的情绪会自然而然地得到释放。

> 如果别人分享的感受正是我们一直压抑着的，那么这些隐藏的情绪自然会得到释放。

比如说，当他人发泄愤怒的时候，会激起你心底的愤怒。即便这时身体会条件反射横加阻拦，但是沉睡的那部分一旦苏醒，你就可以走出困境，就好比看完一部感人的电影后，你不仅会泪流满面，还会发现心情轻松了许多。哭出来，并不代表绝望或自艾自怜，不会让你意志消沉，只会帮助你疏解情绪。

> 疗愈的泪水不会让你意志消沉，只会帮助你疏解情绪。

心灵疗愈的课程和互助团体可以帮助我们感知内心的情感波动。长期与固定的咨询师交流，可以建立起彼此间的安全感和信任，从而帮助我们探知更深层次的情感。如果你倾诉的那个人能理解你失去的感受，你就会感觉自己可以放心地在他面前去更深入地挖掘内心的情感世界。当咨询师能在对的时间提出对的问题时，那些曾一直埋藏在心底的情绪就会一一浮现，并最终得以释怀。

自助练习也非常有效，但如果可以与个人心理咨询师、心灵疗愈的课程以及各种互助团体加以结合，发挥的作用会更大。你可以独自完成本书中所提供的练习，同时也可以在心理咨询师或互助团体的帮助下完成。最理想的情况就是在别人面前找寻自己受伤的情绪，特别是在心灵疗愈的早期阶段。如果这个人与我们有情感共鸣，心中的痛苦也可以缓解几分。分享痛苦的时候，也是释放痛苦、疗愈痛苦的时候。

## 阻碍疗愈的挑战

失去至爱的状况不同，遇到的挑战也不一样。在一次交通事故中，卡罗尔失去了丈夫史蒂芬。她之前一直提醒他要系好安全带，但接到丈夫的死讯之后，卡罗尔发现丈夫并没有听从自己的劝告，因此丢了性命。丈夫死后，卡罗尔还发现家里遇到了严重的财务危机，现在她不得不自己一个人承担这一切了。

她既感到悲伤，又觉得气愤和害怕。这的确很让人茫然。大多数人都会不习惯心中同时产生多种情绪。卡罗尔感到伤心是因为她很爱也很怀念史蒂芬，同时她也觉得很气愤，因为史蒂芬没有听劝系好安全带。此外，她还很害怕当下的经济负担。由于不知道疗愈伤痛需要投入时间去体验和挖掘每一种疗愈性情绪，那时的卡罗尔茫然无措，只觉得眼前一片黑暗。

葬礼上，她哭得很伤心，但在内心深处的某个角落也潜藏着气愤与指责。但她不敢表达出来，觉得这么做是缺乏爱意的表现，所以就一直压抑着。然而她终究还是生气的，想要责备史蒂芬为什么没有听自己的话系好安全带，还给自己留了一屁股债！这种对新负担的恐惧更是加深了她心底的愤怒与对史蒂芬的指责。

当卡罗尔继续压抑愤怒的时候，感受心里真正的悲伤也就愈加困难了。只要还继续抑制着愤怒与恐惧，她就不能充分感受并释放悲伤。渐渐地，她的悲伤转为自怨自艾，甚至还会抽泣，然而此时眼泪已无法带来任何缓解，终究只会徒留心痛与麻木。

> **愤怒被压抑时，悲伤就会转为自怨自艾。**

在此案例中，我们可以看到悲伤的过程如何变得越来越复杂。我们会思念去世的爱人，但同时心里也会责备、埋怨他 / 她。不过我们不允许自己表达出这种愤怒，觉得自己只能表现出伤心，于是就阻碍了情绪的释放。为了不拖累他人，也不想让他们对逝去的爱人有不好的看法，我们会强行把恐惧压制在心里，努力让自己变得坚强起来。

由于无法向别人倾诉心里的感受，责备的感觉会一直盘绕在心头。接下来的每一天，我们可能都会感觉自己活得像个受害者。随着生气与责备情绪的反复出现，这种"缺乏爱"的想法也可能会让内疚感与日俱增。随后情绪就会变得越来越糟糕，甚至觉得自己已经不像以前那样爱着他 / 她了。无论有多么努力地想要找回曾经的那份柔情，最终感受到的只有惆怅满怀与心如死灰。

咨询过程中，卡罗尔终于吐露了隐藏在心底的愤怒和恐惧，然后感受并放下了一直以来的悲伤与遗憾。随着内疚感消失，她瞬间觉得心里轻松了不少，再次燃起了对生活的希望，也相信自己可以处理好当下的危机。

### 愤怒，难以平复

莎伦和埃德之间的争吵从未停止过，巨大的价值观差异让他们的夫妻关系难以为继。离婚后，莎伦的心里五味杂陈，主要是觉得非常气愤，不过恐惧是点燃她愤怒的根本原因。她害怕9岁的儿子内森跟父亲待在一起时会受到不好的影响，觉得埃德就是在宠溺孩子。

莎伦教儿子要懂得钱财来之不易的道理，埃德却总会无条件地给儿子买他所有想要的东西。莎伦想让儿子多做些家务，但埃德却总是一口答应儿子提出的一切要求。她感到自己心有余而力不足，无力保护儿子不受到混乱的家庭教育的影响。

莎伦对内森的担心和愧疚，激发了她对埃德的愤怒。她心中离婚的怒火非但没有熄灭，反而有增无减。几个月后，内森在学校里碰到了新的问题，这件事更是让莎伦怒火中烧。

更糟糕的是，她可以陪伴儿子的时间比以前更少了。离婚后，为了养活自己，她不得不重新回到工作岗位。儿子没有完成学校课程，这让她很难过，但她又很难对儿子表示必要的理解与同情。每一天，莎伦都感到无比愧疚和愤怒。愧疚于自己没办法抽更多的时间去陪儿子，也愤怒于埃德的表现。

> **愤怒中的我们会很难感受到同理心。**

莎伦从来没有给足自己时间去感受离婚所带来的伤痛。结果，孩子教育上的挫折在她心里产生了更沉重的压力。若心里的伤痛还没有愈合，我们会对生活上的问题十分敏感，就像有人在戳还没愈合的伤口一样。莎伦因自己无法解决儿子的问题而气急败坏。每当她对内森发火或漠不关心的时候，心里的愧疚又会加重几分，而这种状态也让她对埃德更加恼火。

如你所见，事态变得每况愈下。然而，在"火星金星心灵疗愈"课程中，莎伦了解到了四种疗愈性情绪，知道了那个时候的自己还没有真正为逝去的婚姻而悲伤，心里的伤痛也还未痊愈。她感受到的是愤怒，不是悲伤。给自己一段时间去体会悲伤并感怀逝去的婚姻后，她终于原谅了埃德，也明白了并非全都是他的错。他们两人只是不合适而已。

> 给自己一段时间去体会悲伤后，我们终将放下怨恨，原谅对方。

莎伦终于流下了伤心的眼泪，心情也平复了下来，她开始感受到对埃德的爱与感激。回忆起曾经热恋时的绵绵情意，她最终放下了心中的伤痛，并且开始感恩那些幸福的日子，也逐渐找回了自信，再也不认为当初选择结婚是个愚蠢的决定。她越来越相信未来的自己一定会拥有白头偕老的幸福婚姻。

此外，莎伦也意识到了在内森面前说埃德好话的重要性，她知道埃德身上很多自己看不惯的性格，也存在于儿子身上。学会接纳，并多看看埃德好的一面，可以让内森更容易地处理好父母之间的差异。莎伦终于明白，其实自己可以在不贬低埃德的前提下，对他的价值观表示不认同。

当一个男孩听到别人称赞父亲时，自己也会对身上有和父亲相像的地方而暗自高兴。莎伦原谅埃德，其实不仅仅是为了自己，更是为了儿子好。

> 夫妻恩爱是父母给孩子最好的礼物。

允许自己深入挖掘内心隐藏的伤心情绪后，莎伦终于放下了怨恨，心中也充满了更多的爱。后来，她变得更加开心了，内森也更加快乐了。这样"好的结尾"让莎伦能够更好地敞开心扉，再次坠入爱河。最后，她和自己的真命天子再婚了，也有了更多的孩子。

### 情绪抑制

当你觉得某些情绪显得缺乏爱意，而想要抑制它们的时候，就说明你需要寻求帮助了。如果你觉得和家人或朋友分享自己的愤怒没有安全感，不妨找一个咨询师，让自己能安安心心地吐露心声。这个时候最适合找一个咨询师倾诉，或参加心灵疗愈的课程，或者加入一个互助团体。

> 我们常常会压抑心中的愤怒，担心这样会显得缺乏爱意。

为了疗愈心灵，我们有责任主动创造合适的环境，让自己可以自在地分享那些所谓缺乏爱意的感受，而且不会有人因此而受伤，也不会有人批评我们过于消极。当我们可以毫无拘束地探索并分享心中所有的情绪时，心灵就会开始疗愈，心门也会打开，宽容、理解、爱与信任逐渐流入心间。

精通心理学的咨询师不会评判我们的感受，而是会通过聆听和提问来引导我们感受并表达出更多重要的情绪。在不用担心会伤害到别人，也不用担心会成为日后攻击我们的武器的前提下，倾吐心声有助于放下心理负担，让心灵完成疗愈。通过创造这种安全的环境来让自己安心倾诉，就好比为骨折的手臂打上石膏，把它保护起来，然后让它慢慢愈合。

吐露出了心中所有的真实感受后，我们就会相信自己一定能够再次找到真爱。无论在什么样的情况下，只要通过正确的方法，就能释怀心中的伤痛，为爱重新打开心扉。努力创造一个好的结尾，就一定会带来一个好的开始。只要心门打开了，就一定能够找到自己想要的、需要的且值得拥有的爱。

## ♥ 7. 方法得当，眉头舒展

虽然回忆往昔，为离开的爱人而悲伤，会让我们感觉好些，但有时只是感受到内心的情绪并不足以完成疗愈。或许我们能感受到痛苦，但就是无法获得慰藉，这通常是因为忽视了疗愈过程中的一些重要步骤，所以限制了天生的疗愈能力。其中，练习"眉头舒展"的技巧就是加强心灵疗愈能力的最佳方法之一。练习这项技巧，就能够熟练地疗愈任何形式的伤痛了。

> 其中，练习"眉头舒展"的技巧就是加强心灵疗愈能力的最佳方法之一。

有成百上千种方法可以让我们感受到痛苦的情绪，除非了解疗愈伤痛的基本原则，否则可能无法成功地放下痛苦，重新寻找真爱。练习"眉头舒展"的技巧可以训练我们的意识，让我们确信自己能够疗愈心里的伤痛。若伤口没有成功愈合，就有可能会一直沉浸在悲痛当中，甚至不得不将其强行压抑。

### 写一封感受信

当你的感情受到伤害时，不妨花个 20 分钟记录下此刻内心的感受。

刚开始时，你最好把感受写出来，或在电脑上打出来。熟悉这个流程之后，你只要坐下来，闭上眼睛，就可以罗列内心的感受，也可以在和咨询师或互助团体的交谈中分析自己的情绪。

我练习这个技巧已经 17 年了。现今，我仍然能在写下自我感受的过程中受益良多。被某件事情困扰时，我就会坐在电脑前，根据"眉头舒展"技巧的基本格式，把心中的感受都敲打出来。

"眉头舒展"的技巧主要分为三部分：

1. 表达四种疗愈性情绪，同时写出自己想要什么，需要什么，有什么样的期望。

2. 表达自己想要从对方身上听到充满爱与理解的回应。

3. 表达宽容、理解、感激与信任。

下面让我们一起具体落实上述步骤吧。

**第一部分：表达心中的感受**

"眉头舒展"技巧的第一步就是要写一封信给你担心会失去的那个人。当然，也可以写一封信给你觉得会真正理解你的那个人——知己或你内心的天使。一定要确保自己能够感受到每一种疗愈性情绪。当然，改变情绪书写顺序，也是可以的。就从最强烈的情绪开始写，然后花 2—3 分钟来感受每一种疗愈性情绪。

写信时，想象一下那个人此刻正在倾听你说的每一句话。想象他/她能够聆听到你的心声，能理解并支持你。即使在现实生活中，这个人根本不理解你的感受，也可以想象如果他/她能理解的话，你会有什么样的感觉，会说些什么。

## 感受信的格式

亲爱的 _____：

我想写这封信，并向你说说我心里的痛苦，这样所有的烦恼就会统统消失掉，我也能继续接纳你、宽容你，并一如既往地爱你。

现在，我 _____

1. 我很生气，……

我生气是因为……

只要……，我就觉得生气。

我不喜欢……

我希望……

2. 我很伤心，……

我伤心是因为……

只要……，我就觉得伤心。

我想要……

我期待……

3. 我很害怕，……

我害怕是因为……

只要……，我就觉得害怕。

我不想要……

我需要……

4. 我很遗憾，……

我遗憾是因为……

只要……，我就觉得遗憾。

　　*我想要……*

　　*我期望……*

　　*谢谢你的聆听。*

　　*爱你的* _____ *。*

## 第二部分：写一封支持的回信

　　如果想要承担起自我疗愈的责任，而不是一味依赖外界的爱与支持，我们就一定要学会自我支持。这个能力其实很简单，正如别人在伤心的时候，我们会予以支持一样，其实我们也可以为自己提供需要的支持。写下了内心感受之后，下一步就要写一封满含爱意的回信了。把内心的感受和把自己需要的支持都转化成文字，是非常重要的，这样才能让自己感受到包容、理解和支持的力量。

　　你需要给自己写一封回信。假装自己就是那个正在倾听的人，然后把自己想要听到的回应都写出来。如果你想象的是自己正在向一位知己或你内心的天使倾吐心声，就写下你觉得对方会对你说的话。你可以说任何让你感觉有被倾听或理解的话。以下回信的格式可以引导你写出想要的回信。

### 回信的格式

　　*亲爱的* _____ *：*

　　1. *谢谢你* _____

　　2. *我明白* _____

　　3. *对不起* _____

4. 请原谅我 _____

5. 我希望你知道 _____

6. 你值得 _____

7. 我希望 _____

有时写一封回信会比写下四种疗愈性情绪更有效。写下自己真正想要并需要听到的话语，可以让你更快地打开心门，接受值得拥有的支持。想象这种支持，重新敞开心扉后，伤痛就会慢慢愈合。

### 第三部分：写一封正能量的收尾信

写了非常具有支持性的回信，接下来要做的就是表达并肯定心中富有正能量的情绪，如宽容、理解、感激和信任，这一点至关重要。或许你可以通过以下收尾信的格式，来引导自己写出正能量的情绪。

1. 谢谢你 _____

2. 我明白 _____

3. 我意识到 _____

4. 我知道 _____

5. 我原谅 _____

6. 我很感激 _____

7. 我相信 _____

8. 此刻的我正处于 _____

　　慢慢肯定正能量的情绪后，你的心情会大有好转。刚开始做这个练习，可能会觉得有点心累。只要熟练了以后，它就会让你精神振奋。

**感受信示例**

　　以下列举了比尔使用"眉头舒展"的技巧来感受四种疗愈性情绪的过程。其间，他通过每一个引导词来写出每一种指定情绪。当你练习这个技巧时，可以反复使用某一个特定的引导词，直到情绪转移到下一个层次。如果想要跳过某个引导词，也没有问题。使用以下格式，你就可以感受并表达出四种疗愈性情绪。

　　亲爱的苏珊：

　　　　我想写这封信，向你说说我心里的苦，这样所有的烦恼就会统统消失，我也能继续接纳你、宽恕你，并一如既往地爱你。

　　　　现在，我觉得很孤单也很受伤，感觉自己被抛弃、背叛了。

　　　　1. 我很生气，你居然转身就离开了。

　　　　我生气是因为你爱上了别人。

　　　　只要一想到你们在一起，我就生气。

　　　　我不喜欢被别人拒绝。

　　　　我希望你依然爱我。

　　　　2. 我很伤心，你不在我身边了。

　　　　我伤心是因为不知道该何去何从。

　　　　只要一想起自己有多爱你，我就很伤心。

我想要从今往后快乐地生活，想要你爱我。

我期望你能永远爱我，就像你承诺的那样。

3. 我很害怕，觉得自己就像个傻瓜。

我害怕是因为不知道自己到底做错了什么。

只要一想到一切都要重新开始，我就害怕。

我不想要孤孤单单的。

我需要你的爱，还有友谊。

4. 我很遗憾，我们不能在一起。

我遗憾是因为自己无法改变你的心意。

只要一想到我们曾经的爱恋，我就很遗憾。

我想要你爱我，想要和你一起走进婚姻的殿堂。

我希望自己能学会放手。

谢谢你的聆听。

爱你的，<br>比尔

## 回信示例

亲爱的比尔：

1. 谢谢你向我倾吐你的心声。

2. 我明白自己对你造成了很大的伤害。

3. 对不起，真的对不起，我不再像以前那样爱你了。很抱歉，一切都已经改变了。

4. 请原谅我离你而去，拒绝了你的挽留。

5. 我想要你知道，我是爱你的，但你并不是我的真命天子。我会永远珍惜和你在一起的美好时光。真的非常感激你对我的爱与付出。

6. 你值得别人为你付出，相信你一定会找到自己的幸福。

7. 我希望你能过得开心，并祝你早日找到幸福。

爱你的，

苏珊

## 收尾信示例

亲爱的苏珊：

1. 谢谢你的爱，我也会永远爱你。

2. 我明白自己应该放手，也知道这一天会到来的。

3. 我意识到这需要时间。虽然现在很难过，但时间会疗愈一切。

4. 我知道你在用自己的方式爱我，也知道你不是我的附属品，你有权决定自己想做的事。

5. 我原谅你不再爱我，原谅你的离开，也原谅你的选择。

6. 我很感激我们在一起度过的这些年。

7. 我相信自己一定会重新找到真爱，一切都会过去的。

8. 现在的我正处于为爱重新出发，重建人生的阶段。我正在尽最大努力去重获爱情与幸福，一切都会好起来的。

爱你的，

比尔

## 四大问题

感受四种疗愈性情绪的另一种方式，就是问自己四个问题。刚开始时，男人通常觉得这种方式更容易上手。在回答以下问题的过程中，疗愈性情绪会自然而然地涌上心头。这个时候，你要允许自己去感受生气、悲伤、恐惧、遗憾以及其他类似情绪。

1. 发生了什么事情？

2. 还有什么事情没有发生呢？

3. 什么事情是本来会发生的？

4. 什么事情是不可能发生的？

若想要更深入地探究，你可以向自己提问并回答下面几个问题。

问题一：

过去发生了什么是你不想要发生的？

现在正发生什么是你不想要发生的？

什么事是你不喜欢但却已经发生的？

问题二：

过去有什么事是你想要它发生却没有发生的？

现在有什么事是你想要它发生但没有发生的？

未来会发生什么事？

问题三：

什么事是你不想要它发生但有可能会发生的？

什么事对你来说是重要的？

什么事是你想要它发生，也有可能发生的？

问题四：

什么事是你想要它发生但不可能发生的？

什么事是你希望它发生，但现在没有发生的？

什么事是你想要它发生，也确实会发生的？

通过提出以上四个问题或实践"眉头舒展"技巧的三个步骤后，你就能做出更好的心理准备来面对失去至爱而引起的情绪波动。学会这些技巧后，你就会用平静的心态去怀念曾经的爱人，不会再陷入悲痛当中了。这种认知和能力会让你毫无拘束地感受到自己内心的情绪，并最终完成心灵疗愈。

## ♥ 8. 学会宽容

如果把所有的不开心都归咎于前任，痛苦的情绪就会在不知不觉中受到阻碍，难以释放出来。如果把所有的责任都推到前任身上，你就会紧紧抓着那段痛苦不放，直到对方做出改变为止。但这样做的话就太狭隘了。一旦把自己的痛苦都归咎在对方身上，那么要想释怀就很难了。在责怪他／她伤了你心的时候，除非对方肯改正原本的行为方式或态度，否则这种痛苦会一直萦绕在心上。

> 在责怪他／她伤了你心的时候，除非对方肯改正原本的行为方式或态度，否则这种痛苦会一直萦绕在心上。

责备对心灵疗愈有效，但还是需要学会放下。通过责备，你可以清楚地界定什么是自己喜欢的，什么是自己不喜欢的。同时，可以找到心中潜藏的愤怒，在失去至爱时，你就不会把大部分责任都揽在自己身上。每当你过分自责的时候，其实都是因为你不让自己去责备他人。

通过责备感受到愤怒的情绪后，就要努力把这股情绪释放掉。的确，我们可以谴责别人所犯的错误，但不能因自己的情绪而谴责他们。所谓宽容，就是不再让对方为自己的感受负责。学会了宽容，就能放下痛苦。

**所谓宽容，就是不再让对方为自己的感受负责。**

　　无论对爱人的离去有多么心灰意冷，也一定要相信自己是有能力可以放下这段伤心往事的。倘若你是因为自身痛苦，而不是因为对方所犯的错误去责备他 / 她，就容易陷入痛苦之中。如果你生气或伤心是因为对方忽视了你，那么这些情绪都会过去；但如果是因为心痛，就很难释然了。当你无力改变自己情绪的时候，就会开始责备对方，根本不会去想他 / 她做或没做过什么。

　　下面列举了情绪与责备的不同表达。请想象一下自己说出这些话的情景，感受这两者之间的差别。情绪的抒发会带动你的热情，让你振奋起来，责备的口吻则会让你觉得自己被某种情绪所困，就像个受害者。

表 3　情绪与责备的不同表现

| 情绪的抒发 | 责备的口吻 |
| --- | --- |
| 我很生气，你不尊重我。 | 我很生气你让我这么不开心。 |
| 我很生气，也很受伤，你居然这么对我！ | 我很生气，你居然会用这种方式来伤害我！ |
| 我很生气，你一直都能得到自己想要的，我却什么都得不到！ | 我很生气，就是因为我嫉妒你。 |
| 我很生气，你迟到了这么久，连个电话都没打！ | 我很生气你吓到我了，都不知道该怎么办才好。 |
| 我很伤心，你总是忽视我，把别人看得比我重！ | 我很伤心，你让我感觉自己被忽视了，我在你眼里就是个无足轻重的人。 |
| 我伤心了，你居然没有送我礼物。 | 我伤心了，你让我觉得自己没人爱。 |
| 我很害怕你会批评我。 | 我很害怕你觉得我很糟糕。 |
| 我很生气，你总是对我百般挑剔，或者我很害怕，你会对我非常苛求。 | 我很生气你破坏了我一天的好心情，或者我很害怕你会破坏我一天的好心情。 |

| 情绪的抒发 | 责备的口吻 |
|---|---|
| 我很生气你总是让我等。 | 我很生气你让我这么生气。 |
| 我害怕和你说话。 | 我害怕你会让我伤心。 |
| 我很害怕你对我说的话一点都不感兴趣。 | 我很害怕你会让我觉得自己是个很糟糕、很无趣的人。 |
| 我很难过，你居然对我这么粗鲁。 | 我很难过，就是因为你让我很不开心。 |
| 我很难过，因为你总是把我耍得团团转，前一刻还柔情似水，下一刻却冷若冰霜。 | 我很难过，就是因为你让我太失望了。 |

事实上，在面对伴侣所说的话和做的事时，我们应该坦承内心所产生的情绪波动。不论对他／她有什么样的情绪，最后都要学会放下。其实，如果因为自身情绪波动而责备伴侣，受伤的不仅是他／她，还有我们自己。要是在某次不愉快后，就一直耿耿于怀，怪他／她让自己不开心，这件事情就很难过去。只要还在怪他／她，你就会一直闷闷不乐，直到他／她愿意做出改变为止。

**论宽容的重要性**

宽容之所以那么重要，就是因为：通过宽容，我们将不再深陷痛苦。伤痛会得到释然，情绪也会好转起来，从而让我们再次对爱情充满信心。在感受内在情绪，学会宽容的过程中，找到问题的解决方法就指日可待了。

带着想要原谅伴侣的心去挖掘内在的感受时，责备的情绪就会逐渐减弱。就算一开始会怪罪他／她，但只要继续和别人（非责备对象）一起寻找并感受四种疗愈性情绪，抑或把自己的感受全部写下来，那么这股埋怨就一定会得到释然。

要是直接和心里所埋怨的那个人倾诉，往往就会忍不住用责备的口吻说话，反而不会抒发情绪了。尽管向对方倾吐自己的心声没什么不对，但应该要选一个他／她愿意听的方式，而自己也在某种程度上原谅对方的时候。

> **先把自己的感受倾吐给别人（非责备对象），宽容就会容易得多。**

如果要先看对方反应，然后再决定自己要不要原谅，就处于被动局势了。反倒证明了你责备对方是因为对方让你难受了，而不是因为对方做或没有做的一些事情。只有当对方感觉不用对你难过的情绪负责，并放下心理防备时，对方才会耐心聆听，而且也会更加温柔冷静地回应。

有很多关于沟通技巧的书都会再三强调用"我觉得……"的语气来替代"你……"的重要性。虽然这种做法是正确的，但一定要注意："我……"并不是一种责备的口吻。不过"我觉得……"其实跟用"你……"一样带有责备色彩。在用"我觉得……"的语气跟伴侣说话时，有可能会在无意中得罪了他／她。

> **"我觉得……"其实跟"你……"一样带有责备色彩。**

在慢慢体会到内心的情感，并开始愿意原谅对方的过程中，你的责备会越来越少。如果不再用责备的口吻去表达自己的感受，伴侣会更容易接受你说的话。只有先开始原谅对方，再找机会把自己的感受、需求和期待告诉他／她，你才不会像个怨妇一样满腹牢骚。

### 倾诉，但不抱怨

与男人相比，女人尤其喜欢与他人分享自己的感受。因为她本能地觉得，向爱自己的人分享烦恼，会让对方更想竭尽所能地去保护自己，支持自己。所以女人会偏向于把烦恼分享给别人听，从而得到需要的帮助。

> 只有当对方了解到女人的感受时，他才会修正自己的某种行为，知道女人到底需要怎样的支持。

你倾诉的方式，决定了别人能不能把你的话听进去。女人通常会用责备的口吻来表达自己的感受，结果男人非但没有听到她的痛苦，反而非常抵触她的话，更不用说要为她做什么改变了。

### 让生活回归原点

如果离婚，并且牵涉到了孩子的问题，那就必须意识到这段关系不会完全过去。虽然不会彻底结束，但是可以做些改变。即便不再是夫妻了，也还是孩子的父母，双方需要建立一套全新的相处模式。无论从对方的角度还是从抚养孩子的角度，都一定不能让彼此有一种被责备的感觉。

如果想让生活回归原点，就必须停止像个受害者一样埋怨，也一定不要让双方的交流变成唱独角戏。那些已经离异但对抚养孩子拥有同等责任的父母在交流时常常会带着埋怨的语气说话，而不会在双方交流之前，先让自己冷静下来，或者先从自身找问题。

男人和女人在离婚后会在财产分割、责任承担、遵守承诺、价值观不同、管教孩子，以及安排与孩子相处时间等问题上争吵不休，其实是因为他们不知道除了指责对方，还可以用什么方式沟通。无论什么原因，一旦开始争吵，很快双方就会为了争吵而争吵了。

如果能够不带任何埋怨的语气去交流不同想法的话，对方就能听得进去你说的话。在双方能做到相互聆听、彼此尊重、毫不指责时，意见上的不同就可以得到解决，问题也会迎刃而解。

就算说错了话，只要你的态度是宽容的，对方也会听进去你的感受。要是不知道这样的沟通技巧，你就会很容易埋怨对方，怪他/她总是把自己防备起来，反而不会意识到自己的满腹牢骚。

了解到自身情绪并努力做出改变后，你就不会再因为自己的难过而指责伴侣了。要能清楚地认识到自己有能力释放并转化消极的情绪，否则，就会把所有难过的情绪都怪罪在伴侣身上，还会为此耿耿于怀，对他/她的怨恨也会越来越深。下一节，我们将进一步探究还有哪些挑战会在心灵疗愈的过程中构成阻碍。

## ♥ 9. 挥手告别，爱在心中

每段情感终结的时候，无非面临两种选择：要么更加懂得去爱，要么开始变得冷漠疏远。在为爱重新出发的过程中，懂得以宽容、理解、感激与信任的心态来放下悲伤，是我们必须面对的挑战。只有这样才能让我们重新振作起来，并微笑地面对过去与未来。这点说起来容易，做起来却很难。

要是没有完全了解心灵疗愈的必要步骤，就会很容易陷入各种不利的情绪当中。人们陷入愤恨、埋怨、冷漠、愧疚、不安、绝望或嫉妒当中的现象屡见不鲜。这七种消极态度让你无法再次为爱完全付出，它们的出现其实就清楚地表明了你需要疗愈。如果在心灵疗愈的过程中，它们一直都存在的话，就表示疗愈的某个必要步骤被忽略了。

这七种消极态度与四种疗愈性情绪正好相反。无论是努力地去感受它们，还是抵触它们，都不会产生任何帮助。一方面，感受到的越多，就会越难过；另一方面，它们又像流沙一般，你挣扎得越厉害，陷得就越深。

> 这七种消极态度就仿若流沙一般，你挣扎得越厉害，陷得就越深。

每种消极态度都会传达一种特殊信号。如果能听懂这些信号，相应的情绪就会自然消失；但如果理解不了的话，它就会一直敲击你的心门。只有当你明白情绪所释放的信号，它才会消失。相反，越忽视它，它就会敲得越响。

这七种消极态度就像一盏盏明亮的灯，点亮你心中某些被忽略的痛苦情绪。失去至爱后，当你出于某些原因而无法完全面对内心的伤痛时，这些消极态度就会出现，为你指出心灵疗愈过程中所缺失的那些部分。每种消极态度的存在其实都是为了释放心中被压制的疗愈性情绪与需求。只有找到并疗愈心底隐藏的伤痛，它们才会自动消失。

> **这七种消极态度就像一盏盏明亮的灯，点亮你心中某些被忽略的痛苦情绪。**

摆脱这七种消极态度困扰的唯一方法就是留意它们所传达的信号。

### 1. 放下愤恨

愤恨是这些消极态度中最常见的一种，尤其结束的还是一段缺乏关爱与呵护的感情或婚姻。你会愤恨自己白白浪费了青春，心中所有的希望与期待都付之一炬。即便付出了所有，也没有得到想要的回报。不管怎么努力，在他 / 她的眼里都是不够的。这样的愤恨合情合理，但也说明你还没有准备好开展新的恋情。

当心中充满愤恨时，最大的难题莫过于怀着宽容告别过去。虽然你确实应该愤恨，但也需要去回想曾经与对方的那份爱，从而放下这股恨意，原谅他／她的过错。通过充分感受失去至爱的悲伤，所有的怨愤都会消散，心里也会由衷地祝福他／她。

> **愤恨终会消散，我们最后会由衷地祝福曾经的爱侣。**

若想挖掘心中埋藏的爱，必须先一一感受每一种疗愈性的情绪。

1. 需要感受到愤怒。"我的大半辈子都在他／她身上浪费了！""他／她居然背叛我！""他／她剥夺了我应有的爱和支持！"

2. 需要感受到悲伤。"我和他／她已经成为过去式了。""我要孤孤单单一个人了，没有人疼，也没有人爱。""最终还是分手了。"

3. 需要感受到恐惧。"我就是个傻瓜。""别人会不会再次愚弄我的感情？""我不知道到底要怎样才能维护一段感情。"

4. 需要感受到遗憾。"回不去了，一切都无法挽回了。""我弥补不了失去的时光。""我也改变不了他／她的感受。"

然后，表达心中的宽容与理解，这样才能回忆起最初的美好，唤起心中的爱，这一步至关重要。只有当你回想起了曾经对他／她美好的感觉，心里才会真正地原谅对方。

**宽容的意义**

有时候人们无法宽容，是因为他们没有真正了解宽容的意义。有些人觉得既然原谅了前任，而且也感受到自己还是爱他／她的，那就应该恢复这段关系。其实不然。挥手告别但情谊长存，才是离别最好的方式。很爱对方，只是彼此不合适。如果认为分手就一定要说"我不爱你了"这些话，即便分手了，心门也是关闭的。心门紧闭时，要想吸引生命中的真爱就会很难。

> **原谅前任并不表示一定要恢复关系。**

从另一个角度来说，心门敞开了，我们才能更清楚地辨别并吸引到自己的有缘人。挑爱侣的能力其实源于一颗对爱敞开的心。如果心门向一个人紧闭了，也就无法向另一人完全打开。倘若回想过往会让你关上心房，那么今后想要找到期待中的爱情就会难上加难。就算将来遇到了一位温柔暖心的爱侣，也不会懂得珍惜所拥有的一切。

### 2. 放下埋怨

多半情况下，分手后，人们会把所有的错都怪到对方身上，觉得分手就是极大的解脱，然后马上翻开新的篇章。之所以会有这种解脱的感觉，是因为分手后，你终于又有机会可以寻找爱和幸福。这样的反应合情合理，但也表明了你还有很多情绪尚未得到排解。如果继续忽视这些情绪，只顾着朝前走，即便将来遇到新的伴侣，他们往往也最能勾起心底未了的情绪。

> **分手后觉得解脱，其实表明你还有很多情绪尚未得到排解。**

通常情况下，男人和女人感觉到解脱的原因各有不同。男人觉得解脱是因为他认为错都在对方身上，女人则是因为她再也不用对这段感情负责了。虽然两方都觉得解脱了，但是也需要对问题看得再深入一点，这样才能疗愈心灵的伤痛，以便找到真正适合自己的人。

男人通常会着急地想要忘掉过去，但心里还没有原谅对方。于是他面对感情失败的快速解决方案就是再找一个伴侣。即便对待分手的态度是积极的，当同样的问题再一次出现在新的感情中时，他就会马上指责对方，而这次想要原谅对方就更难了。要想学会宽容，男人就一定要知道自己在这些感情问题上要承担的责任。感觉到的责任越多，他就越能够原谅对方。有了宽容和负责任的心态后，男人对今后的情感关系就不会再吹毛求疵，怨天尤人。

> 要想学会宽容，男人就一定要知道自己在这些感情问题上要承担的责任。

女人感受到的解脱往往都与负责任的心态有关，主要是觉得自己不用再为了维持一段感情而背负责任了。她认为自己已经牺牲得太多太多，经常不遗余力地对他好。出现这种意识情态的女人一定要注意，不能立马原谅对方，否则可能会陷入自责当中。感情破裂时，男人通常会责备对方，女人则放不下对自我的责备。

要想学会宽容和忘记，首先女人一定要知道自己在这些情感问题中所受的影响。如果她很快就原谅对方，很可能会陷入自我内疚当中，甚至觉得自己毫无价值。要是先让自己慢慢去感受到四种疗愈性情绪，她就能在原谅前任的同时，不会产生内疚的心理负担了。

> **感情破裂时，男人通常会责备对方，女人则放不下对自我的责备。**

如果一个女人在原谅前任的同时，没有为情感的破裂而承担太多不属于自己的责任，那么她就会发现自己在这段感情中所出现的问题。宽容与负责任的心态将她引上新的旅途，让她对新的爱情充满信心，而她也知道上一段情感中的遭遇和下一段恋情没有必然联系。

> **负责任的心态会让女人意识到上一段情感中的遭遇和下一段恋情没有必然联系。**

如果女人在恋爱与付出之间画等号，她就会拒绝发展新的恋情。若男人总对过去的恋情耿耿于怀，他可能还是会继续谈恋爱，不过一旦到了需要他付出或让步的时刻，他就会马上逃离。

如果分手对你来说是种解脱，那么你要面对的挑战就是让自己继续探索内心的情绪波动。这种解脱的一个重要原因就是，你觉得终于不会再有那些令人不安的情绪了。对此，人们往往会选择忘记过去发生的某些事情。这个方法有时候会奏效，但把它用在分手上终究不合适。

慢慢地去感受那些隐藏在这种解脱背后的情绪，你最后会发现其实心里还有一大堆亟待疗愈的情感问题。虽然人们通常乐意忘掉过去，重新开始，但最好还是要让自己去感受分手的悲伤，并体验四种疗愈性情绪。只有当你做到无须忘记过去，心情也能好起来的时候，才表示你已经准备好可以进入下一段恋情。

### 3. 放下冷漠

如果分手后，心中没有完全呈现出应有的感情，人们很有可能就会变得十分冷漠孤僻。为了所谓的理性，还有可能会压抑心中因失去至爱而产生的情感波动。由于意识的调整速度比心灵的快，所以"理智"分手也有它的难处。即便两个人是理智分手的，他们的心可能还彼此依赖着。

无论何时结束这段感情，都是两个人认为合理的选择，但也需要去感受心里的遗憾。决定分手后，你一定要允许自己去感受内心的矛盾与挣扎。否则，就有可能会失去对爱与被爱的内在激情。

哪怕分开对两个人都好，也要给自己一段时间去一点点地感受失去至爱的悲伤。一定要意识到心中的某个自己是希望这段感情永远延续下去的，然后一遍又一遍地去倾听那一个自己的想法与感受，直到心灵疗愈完成为止。

> 　　如果在你眼里，分手就是最好的结果，那么你就会很难感受到四种疗愈性情绪。

当两个人是理性地分手时，一定要确保给情绪调整一段滞后期。就算分手是明智之举，你也要为爱人的离开而感到遗憾，允许自己难过，给情绪一个调整的机会。如果不能自然地体验到失去至爱的悲伤，那就去把它们都找出来。

回忆你和他 / 她刚开始谈恋爱时的憧憬与希望，可以帮助找回这些感受。你先会难过；接着会生气，因为所有不想要发生的事情偏偏都发生了；然后再原谅你和他 / 她之间所有的不开心。

你一定要去感受内心的恐惧——害怕自己可能犯下一个大错，而且还要去感受遗憾——后悔自己没能维持这段关系。偶尔还想要挽回这段感情，也没关系。这是学会放下的一个过程。有这样的感受并不表示你就应该遵从这些想法，尤其还是在你极度渴望的时候，就更加不能考虑回到过去。

> 只有找到依赖的感觉后，我们才会直面情感，真正地做到放下。

就算意识已经完全放下了，也要继续感受失去至爱的那种悲痛，这样才会让心门敞开。无论是和平分手还是因感情淡化而分开，我们都会因此而掩藏心里的痛苦、失望与伤心，就这样度过一生。倘若找不到任何方法可以让自己体会到那份失去的痛苦，不妨尝试回顾过去所经历的另一个失去。想想过去是否在某个地方，发生了某件事情，阻碍了自己内心对爱的渴望。

> 无论是和平分手还是因感情淡化而分开，我们都会因此而掩藏心里的失望与伤心，就这样度过一生。

试着回想过去的某个时刻：一个不得不在小小年纪就必须表现得很坚强的时刻；一个找不到任何可以求助的对象的时刻；一个因没有安全感，无法倾诉烦恼而决定在有安全感之前先把它们暂时藏在心里的时刻。那么，现在是时候该释放这些情绪了，因为现在的你已经安全了。只有一一感受到四种疗愈性情绪，宽容过去所有发生的不愉快，并再次感受到爱的温暖，你才会继续前行。

### 4. 放下愧疚

一段感情结束了，通常会产生两种愧疚：一种是愧疚自己对伴侣造成的伤害或绝望，另一种是愧疚这段感情终究走到了尽头。曾经的海誓山盟，现在都不复存在了。不管是哪种愧疚，还是两者都有，解决方法只有一个——将其释然。每当这个时候，你需要面对的挑战就是原谅自己。

虽然愧疚是每个人犯错后都会有的正常反应，但如果在认识到自身错误后，还是愧疚不已的话就非常不可取了。这样的愧疚会变成一种毒药，让你无法释然，永远都不会原谅自己，你就这样一直困在低落的阴霾之中，无法开始新的生活。

有些人会一直对所遭受的不公平待遇耿耿于怀，而有些人会一直愧疚自己做过或没有做过的事。其实受伤和愧疚之间有着千丝万缕的联系，因为宽容是这两种情绪的共同解药。只有宽容他人，才能纾解心里的痛；只有宽容自己，才能放下愧疚。

> 从某种程度上来说，只有先懂得宽容他人，宽容自己才会变得简单。

分手后，若心存愧疚，就说明：心灵尚未得到疗愈。通常情况下，除非先感受到了别人的宽容，否则你会很难原谅自己。

不过这也并不意味着一定要得到前任的原谅才行。认为一定要先获得前任的原谅，自己才能好起来的话，就太狭隘了。其实写一封深度的道歉信，在信中倾吐自己的错误，并期望前任有一天会原谅自己，就是一个非常有效的办法。当然，最好的做法就是向咨询师或互助团体尽情倾诉心中的愧疚感，他们的不偏不倚和理解才会帮助你原谅你自己。

> **是否能自我原谅，并不取决于他人的谅解。**

通常情况下，当一个人因离开伴侣而愧疚万分时，他们过去一定遭受过类似的经历，亲身体验过那种被抛弃、被拒绝的痛苦。所以当他们对别人造成这种伤害时，就会觉得特别愧疚，这都是因为他们还没有放下当初被抛弃的痛苦。

无法原谅自己对别人的伤害，其实也清楚表明了自己曾经也受到过同样的伤害，而且到目前为止还没有放下四种疗愈性情绪，更没有在宽容中疗愈这种伤痛。在因离开伴侣而备感愧疚时，试着回想过去自己被抛弃或伤害的经历，对心灵疗愈会产生非常有用的效果。

> **只有原谅那些曾经伤害过自己的人，才能原谅自己对他人造成的伤害。**

有些人之所以会一直深陷愧疚当中，是因为他们觉得自己很坏，伤害了伴侣，让对方感觉到了背叛和抛弃，所以自己理应受到愧疚的煎熬。这个想法大错特错。当你意识到这段感情不适合自己时，它也不会适合你的另一半。这时，最好的礼物就是给他／她寻找幸福的机会。如果连自己都无法在这段感情中得到需要的，那该如何给予对方想要的呢，结果只会相互憎恨而已。只有选择离开，才能让对方拥有自由，获得真正的幸福。

有时，就算你是受害者，依然会因为分手而愧疚，误认为是自己对不起伴侣，但他／她才是伤害你的人，是应该觉得对不起的那一方。之所以你会有这种愧疚感，是因为你一直以来都强压着心里的四种疗愈性情绪。

意识到我们通常会通过四种基本方式来阻碍情绪的疗愈，为分手而感到愧疚。它们分别是逃避、袒护、自我安慰以及自责。接下来我们将进一步分析这四种方式。

●逃避

你会对自己说："他／她确实没有亏待过我。"但忽视了所有的事。要想克服这种不承认，你必须感受到愤怒，因为愤怒会揭露那些你不想要发生却已经发生的一切，否则你会一而再，再而三地忽视下去。

●袒护

你会袒护所有发生的一切，不断为伴侣找借口，心想："其实他／她也不想。"如果要让自己不再为对方袒护，就必须感觉到悲伤，因为悲伤会警醒你哪些需求是你没有得到的，而不再纠结于为什么他不关心自己。

●自我安慰

你会找各种各样的理由来安慰自己，试图告诉自己所有发生的一切真的没什么，暗想："好在这不是最糟的。"你需要通过恐惧来让自己停止这种安慰，因为只有开始害怕自己可能永远都不会得到想要和需要的一切时，你才会知道哪些事情是不希望发生但却有可能会发生的，从而辨别出什么对自己来说才是重要的，而不再关注什么对伴侣来说是重要的。

●自责

你会怪自己惹怒了对方，导致了根本不想要的结果。心想："如果我当初不那样对他／她，他／她可能就不会……"或"虽然他／她做了那样的事，但我也做了这样的事。"这时你就需要通过遗憾来从自责中拔出来。遗憾会让你知道有些事情已经无法改变。只有当你认识到自己无力改变伴侣的决心时，才不会继续以为都是因为你，他／她才会那样做。

这四种心理倾向让你无法感受到消极情绪时，它们就成问题了。你需要花些时间去探知被掩藏的失落，才会看清内心真实的状态。最后也就可以不带任何愧疚或不安说分手了。

让对方来伤害自己，绝对不是爱他／她的表现。如果在这段感情中得不到自己需要的，结束它就是对彼此最好的选择。若发现当前的伴侣不适合自己，就是该离开的时候。与其带着埋怨离开伴侣，怪他／她不够好，不如用宽容的心态看待过去的一切，明白他／她只是不合适自己而已。

### 5. 放下不安

分手后，人们在恐惧与不安的面前，有时候就会把希望寄托于和前任重归于好。这样的想法就像保护罩一样，让他们不用去面对内心的恐惧，也不用感受失去至爱的痛苦。只要相信还有重归于好的机会，就不用考虑什么从头再来。这样的期望可能会减轻一些痛苦，但阻止了心灵疗愈的进程。因为无法面对心中的恐惧，自然也就难以放下不安。

就算真的有可能和前任重归于好，打开这扇大门的最优方法也是要先从情感上承认现在这扇门不仅关上了，而且还上了锁。我们必须先抛开重归于好的念头，去充分感受心中的伤痛，才能完全释然。这是对自己最好的选择，也是重归于好的最佳方案。

> 如果我们一直放不下心里的伤痛，就会很难让伴侣再次回到自己的身边。

和伴侣分手后，要想与对方重新开始，就必须对彼此有新的理解和宽容。如果放不下心里的伤痛，就无法做到完全原谅伴侣。一直悲伤难过，只会让对方更加内疚。当我们说的每一句话，或做的每一件事，都让对方感觉到愧疚时，只会让他／她更加不想重归于好。

倘若两个人真的决定要重归于好，双方一定要改变或修正自己的某些行为方式。完全为逝去的感情而悲伤后，我们才能在宽容、理解与感激的状态下真正放下心里的苦痛。

对分手有了全新的认识后，窘迫、绝望、依赖、焦虑和不安的情绪也就自然而然地消失了。在意识和心灵都处于良好的状态时，我们才能做出必要调整，让伴侣重新回到自己的身边，抑或明白他 / 她真的不适合自己。先让自己好好感伤这次分手的前因后果，然后你要么和伴侣重修于好，要么开始一段全新的更美好的爱情之旅。

### 6. 放下绝望

如果你一直遭受虐待、忽视、欺骗、剥夺或背叛等伤害，分手时，也总会觉得自己是个受害者。就算你是受害者，既然这段感情已经结束了，现在你就有自由去追求自己所需要的。现在的你已经不再是受害者，不过也要为所得的结果负起全部责任。

尽管在意识上你已经意识到自己不再是一个受害者，但心里仍然会有受害者的感觉。于是，你便会觉得自己永远也无法得到需要和应得的一切。这时，你一定要学会放下这种绝望的想法，否则就会失去追求真爱的动力。

> 即使你已经做了一切努力来保护自己了，可能还是会觉得自己像个受害者。

这种受害者心理是可以理解的，而你需要别人的帮助来疗愈心里的伤痛，一直存在这样的想法也只会有害无利。这种绝望的感觉其实也清楚地表明了你内心有诸多的痛苦。此刻，你要做的就是疗愈内在创伤，并重新拾起对他人的信任。如果不知道该如何放下伤痛，这样的想法就会愈演愈烈，甚至让你在今后的人生当中都会觉得自己是活在过去阴影下的受害者。以下例子可以充分体现这一点。

就是因为曾经发生的那些事，我永远都不会幸福了。

就是因为曾经发生的那些事，我一生都毁了。

就是因为曾经发生的那些事，我白白浪费了自己的青春。

就是因为曾经发生的那些事，我永远都不会再爱了。

就是因为曾经发生的那些事，我永远都不会再相信任何人了。

就是因为曾经发生的那些事，我已经厌倦到不想再谈恋爱了。

就是因为曾经发生的那些事，我不想恋爱了。

就是因为曾经发生的那些事，我已经痛苦到无法再恋爱了。

就是因为曾经发生的那些事，我已经精疲力竭了。

我现在一点都不快乐，就是因为曾经发生的那些事，

我不会再相信任何人了，就是因为曾经发生的那些事。

我不仅现在孤独一人，将来也不会再有爱情了，就是因为曾经发生的那些事。

我会一直憎恨曾经发生的那些事。

青春已逝，我再也没有机会获得爱情了。

与其受制于这些想法，不如把它们当作跳板，让自己潜入内心深处的世界，找到心结。例如，当脑海里出现"我永远都不要再爱了"的想法时，我们就可以由此探索内心深处的恐惧。那个时候，我们就会回想起曾经的某个时候也有过类似的害怕。

> 我们可以把消极的情绪当作一盏探照灯，通过它来发现隐藏在潜意识匣子里的心结。

当然，在心灵疗愈的过程中，会产生以上所列举的想法是可以理解的，而我们要做的就是识别出哪些观点不正确。当我们认识到自己存在受害者观念时，就可以开始处理这些想法所衍生出的消极情绪。激发内在的疗愈系统后，我们就会对过往发生的一切幡然醒悟，心中顿时豁然开朗，曾经笼罩在心头的受害者阴影也会跟着烟消云散。

如果你一直对过去所受的伤害耿耿于怀，那么此刻感受到的痛苦也就一定会和过去有关，而不是现在的实际情况所造成的。由于一直受到过去心结的困扰，你就不能把全部的精力都放在当下。除非心灵的伤口能够愈合，否则就不能释放自我，过上全新的生活。相反，你会因此或多或少地在过去的阴影中煎熬着。只要还认为自己是个牺牲品，就永远也无法拥抱生活，活出自我。

### 7. 放下嫉妒

当一段婚姻关系或恋爱关系结束时，有时我们的反应会是嫉妒。这种情绪不仅会让我们浑身长刺，而且也会变得自私自利，看不惯别人的好运。嫉妒会封锁我们爱的能力，承认自身的嫉妒情绪依然至关重要。因为只有这样，我们才能对症下药。

产生羡慕与嫉妒的情况有很多种，例如：

当我们发现前任现在过得很好、很开心时，心里就会产生一股怨气或怒气。这股怒气就来源于嫉妒。

当孩子或别人说前任的好话时，我们就会不舒服。这种不舒服就来源于羡慕。

只要一想到前任的怀里已经有了别人，我们就会有种被抛弃的感觉，心痛到无以复加。这种心痛就来源于嫉妒。

看到前任生活得有滋有味，我们就不禁觉得自己的处境凄惨；可当他们痛苦不堪时，我们会暗自庆幸。这种幸灾乐祸，看不得他们好的心理就来源于嫉妒。

看到一对正处于热恋中的情侣时，就会想："肯定不会长久的。"这种愤世嫉俗的态度也来源于羡慕。

分手后的生活中有很多迹象都会体现嫉妒的心理，让生活苦不堪言。与其承受嫉妒的煎熬，不如通过它来进行心灵疗愈。其实嫉妒说明了我们正在压抑心中一大波被落空的希望，刻意忽视自己未解的心结。

**嫉妒会使我们怨他人之所幸，乐他人之所痛。**

当别人有我们想要的东西时，我们就会嫉妒他们。那个时候，我们不会想："太好了，这就是我要的！"而是会怨愤为什么他们有，我们却没有。虽然心里会安慰道："我对现在很满意了。"实际上不然，而且心里有更多需求的时候，羡慕的情绪就会产生。它会像指南针一样帮我们发现自己心里到底隐藏了什么。如果羡慕的是他人的成功，就说明我想让自己变得更加成功；如果嫉妒的是别人有人爱、有人认可，就说明我也希望有人疼爱。实际上，这种羡慕与嫉妒的情绪正反映出了我们心底所隐藏的渴望。

当我们想要获得某样东西，却无法拥有时，为了避免这种失望的落差，其中一个办法就是弱化心里的渴望，甚至压抑。于是，我们就会找一个借口："如果我不能拥有，就说明它其实没有那么重要。不管怎么样我都不想要了。"如果心里还是想要，我们看到别人得到它时，就会产生嫉妒。

只有做到了祝福别人的幸福与成功，我们才能放下这种怨愤与不满，并且真正快乐起来。嫉妒只会让我们离生命中至关重要的东西越来越远。嫉妒其实表明我们在否认自己心里真正想要的东西。

> **嫉妒只会让我们离生命中至关重要的东西越来越远。**

嫉妒是最令人痛苦的情绪状态之一。与另外六种消极态度一样，嫉妒的情绪越强烈，心里就越煎熬。和生气、悲伤、恐惧和遗憾这四种疗愈性情绪不同的是：仅感受这七种消极态度是没有用的。

我们羡慕的时候，会说："你有的正是我想要的。"但嫉妒的时候，就会酸溜溜地说："你有的正是我想要的，我现在觉得很难过，为什么自己就没有。"羡慕其实是一个很好的导向，可以让我们知道自己现在需要处理心里的情绪，疗愈伤痛。要是无法面对并疗愈这些深层次的情绪，就容易在不知不觉中阻碍或推开自己一直梦寐以求的爱、幸福与成功。

与其在嫉妒的边缘苦苦挣扎，不如通过这种消极情绪来感受心底更深处的疗愈性情绪。例如：可以坦然承认自己之所以会嫉妒，是因为前任再婚了！与其让自己变得妒忌、难过、愤恨和挑剔，不如把心里所有的情绪都写下来，如下。

### 嫉妒背后的情绪

1. 恐惧

我很害怕自己一辈子都找不到真命天子。

我很害怕自己现在做的事情不对。

我很害怕别人会以为婚姻的问题都是我造成的。

我很害怕自己根本就不知道怎么去找到真爱。

我很害怕自己正在犯一个天大的错误。

我很害怕自己会没人要。

2. 伤心

我很难过，以后再也不要结婚了。

我很难过，觉得自己不会再像以前那样快乐了。

我很难过，自己的婚姻破裂了。

我很难过，觉得自己没有人要了。

我很难过，因为现在很不开心。

我很难过，自己到现在还没结婚。

我很难过，自己现在还单着。

3. 生气

我很生气自己到现在还是孤身一人。

我很生气这段婚姻破裂了。

我很生气自己一点都不开心，他们反而很幸福。

我很生气自己现在都还在寻觅爱情。

我很生气自己现在几乎被遗忘，他们却备受关注。

我很生气我们是夫妻的时候，他／她没有像现在这样敞开心扉。

## 4. 遗憾

我很遗憾自己不能为他们感到高兴。

我很遗憾自己不会再相信爱情了。

我很遗憾自己的婚姻失败了。

我很遗憾自己是一个离过婚的人。

我很遗憾自己还没有找到真命天子。

我很遗憾自己还没有找到能以我想要的方式来爱我的人。

## 5. 渴望

我想再次步入婚姻的殿堂。

我想找到真爱。

我想原谅前任。

我不想变得这么苛刻、善妒。

我想再爱一次。

我想相信爱情。

我想结婚。

我想重新快乐起来。

## 6. 原谅、理解、感恩和信任等积极情绪

我原谅前任对我的伤害。

我原谅前任对我的背叛。

我原谅前任的变心，原谅他／她不再爱我了。

我原谅我所有喜欢他／她的朋友。

*我理解他／她值得拥有幸福。*

*我理解我们只是彼此不合适。*

*我感恩自己拥有了再次寻找真爱的机会。*

*我感恩生命中那些爱我的人。*

*我感恩所有的朋友和家人。*

*我相信自己能够重新找到真爱。*

*我相信自己能够获得所有需要的一切。*

*我相信自己能够得到理想中的爱情。*

模仿上述例子，把情绪一一写下来，我们就不会被嫉妒的情绪所扰，反而会更加深入地去感受内心被克制的情绪。发现了这些消极情绪后，那些被压抑的积极情绪会自然浮现。

## 疗愈过去

与其受制于这七种消极态度，不如通过它们来帮助自己发现并解开未了的心结。还困在其中任何一种的消极态度中，表明你还没有准备好开始下一段恋情。要想尽可能抓住获得爱与幸福的机会，一定要疗愈好曾经的伤痛。只有彻底放下那些痛苦，我们才能真正敞开心扉，去迎接更美好的明天。

当你能够积极地看待一段感情的结束，而且还能对从中学到的宝贵经验心存感激时，就说明你已然完全放下那些痛苦，成功疗愈了伤口。当然，如果上一段感情中受到过虐待，毫无疑问你绝对不会对这些虐待表示感激，不过你要感激的是自己在放手并疗愈心灵伤痛的过程中所习得的那些力量与智慧。下一节将进一步分析化解伤痛的秘诀。

# ♥ 10. 放下伤痛，释怀过去

在所有可能失去的东西中，婚姻的破裂可以说是最让人悲痛欲绝的。相比配偶离世，夫妻离异更加复杂难料。若伴侣不幸离世，就不得不接受人死不能复生的事实。一切也会结束，明白自己已经不能再依赖他/她的爱与支持了。认清现实后，你就会为失去的一切而深感悲痛。

离婚后，想要为失去的至爱而悲伤就难多了。可能你会一直都觉得自己受到了伤害，可能你会愤恨前任对待自己的态度，或嫉妒他/她有了别的爱人，又或者会责怪他/她没有给予自己足够的支持，或气恼自己还要跟他/她有牵扯。

> 不管你认为自己受到多么不公平的待遇，这种痛苦的感觉会一直延续下去。

感到伤心，就说明你还没有完全放下对前任的情感寄托。比如说，当一个陌生人对你无礼的时候，你不会太在意。若换作是前任，你早就耿耿于怀了。因为你对陌生人和伴侣的期待是不同的。离婚后，曾经的婚姻伴侣变成了前任，而你需要时间来调整自己，接受这个现实。

多年来你一直都在辛苦付出，希望自己能收到相应的爱与支持。就算到了最后并没有得到应有的回报，心里还是会隐隐期待得到些补偿。

可能还会觉得对方亏欠了自己，所以在内心深处，依然期待着对方的报答。只有放弃了对他／她的依赖，你才能远离伤害。

> **感到伤心，就说明你还没有完全放下对前任的情感寄托。**

伤心的感觉会引起心里的不满，也说明你在寻找爱和支持的道路上走偏了。只要对此耿耿于怀一天，就会错失一次原本可以收获爱与支持的机会。

只有放下伤痛，才能拥有为爱重新出发的自由，去追求真正属于自己的爱情。倘若心里的伤口没有愈合好，还对前任存有情感依赖，结果只会让自己伤得更深。能够得到伴侣的爱与支持时，对他／她有情感依赖是可以的。得不到了，就必须放下这种依赖。

> **只要还对前任存有情感依赖，就只会让自己伤得更深。**

首先要承认自己骨折了，才能去治疗。如果还继续在情感上依赖前任，你就不会愿意承认分手这个事实。结果你不仅会压抑心里对失去至爱的感受，还会否认自己再也不能依赖对方的悲伤。这样做或许可以得到短暂的慰藉，但最后你还会恨他／她对自己不够用心。

当你为期待落空而伤心难过时，就会觉得自己像个受害者。只要认为前任阻碍了自己的幸福，心里就不会宽容他／她所犯的错。只有当你了解到是自己把自己困起来了，你才会开始有意识地去改变心态。以下常见例子可以反映出我们在伤心时所产生的心理活动以及导致自己一直处于痛苦之中的受害者心态。

表4 伤心时的心理活动与受害者的心态

| 伤心时的心理活动 | 受害者心态 |
| --- | --- |
| 我很伤心，为什么你没有更努力让事情变好一点？ | 如果你当初尽力了，我现在该有多开心啊！ |
| 我很伤心，你根本就没有想过去找别人帮忙。 | 如果你当初找过别人帮忙，我现在该有多开心啊！ |
| 我很伤心，你根本就没有为我做出任何改变。 | 如果你为我做过一丝丝改变，我现在该有多开心啊！ |
| 我很伤心，你根本就不关心我。 | 如果你关心过我，我现在该有多开心啊！ |
| 我很伤心，你完全变了。 | 要是你能回到从前，我现在该有多开心啊！ |
| 我很伤心，你居然拒绝了我。 | 要是你可以像以前那样爱我，我现在该有多开心啊！ |
| 我很伤心，你居然移情别恋了。 | 要是你还爱着我，我现在该有多开心啊！ |
| 我很伤心，你冷落了我。 | 要是你能多关心关心我，我现在该有多开心啊！ |
| 我很伤心，你居然背叛了我，也背叛了你对我的诺言。 | 要是你能恪守诺言，我现在该有多开心啊！ |
| 我很伤心，你总是对我挑三拣四。 | 要是你能一直支持呵护我的话，我现在该有多开心啊！ |
| 我很伤心，你根本就是在愚弄我。 | 如果你尊重我，我现在该有多开心啊！ |
| 我很伤心，你居然抛弃了我。 | 如果你当初没有离开我，我现在该有多开心啊！ |

　　知道了伤心时会产生的心理活动后，才能辨别出与之关联的受害者心态。实际上，这些隐藏的受害者心态非但不会帮助我们疗愈心里的伤痛，反而会让我们永远都无法完全放下这些痛苦，甚至还会增加痛苦的频率。

**活在当下**

要想放下内心的伤痛，就一定要意识到自己已经不能再依赖对方了。当一段感情结束时，就必须清楚它已经过去了，所有的伤心与难过都不再和前任有任何关系。既然伤害已经发生，那么要想让心情好起来，关键在于自己，而不是前任。的确，是他 / 她伤了你，但现在你才是自己情绪的管理者，你才是那个要疗愈自己心碎的人，而不是他 / 她。

到了不再需要依赖前任，自己也能过得开心满足的时候，他 / 她就无法再对你造成任何伤害。那个时候，你就会慢慢放下一直以来的痛苦。这个道理非常简单，也非常深刻。既然已经没有什么可担心的，那就放宽心，不要再去操心。同样地，既然现在已经不会再受到伤害，那就一定可以把之前所有的痛苦都放下。

> 到了不再需要依赖前任，自己也能过得开心满足的时候，他 /
> 她就无法再对你造成任何伤害。

如果前任还让你感到困扰，一定要告诉自己：他 / 她没有伤到我，而且事情已经发生了。这个区别非常关键。如果可以用衡量温度的方式来判断伤痛的等级，假设把有点烦定为 5 级，那么心碎就达到了100 级。

疗愈好之后，即便前任惹恼了你，伤害也只有 5 级。但如果你心里的创伤还在，那么前任的这种举动所带来的伤害就不止 5 级了，而是在原来的 100 级痛苦上又增加了 5 级。倘若还不能清楚地区分这其中的差别，就会认为他 / 她每惹恼你一次，就是在伤害你一分，感觉好像伤痛已经达到 105 级了，这都是因为你没有走出过去的伤痛，错误地认为是他 / 她还在继续折磨你，使原本的伤口越来越深。如果没有及时对待心痛，一旦对方做了恼怒或刺激你的事情，你就会难以忍受。

如果现在还觉得自己是个受害者，这种受伤害的感觉就会一直萦绕下去，要想放下它们就更难了。只有活在当下，认清心里堆积的那些痛苦都是过去的，我们才能够把它们都释放出来。

> 告诉自己："虽然我曾经受到过伤害，但现在已经不会。"内心的伤痛会在这样的想法中得到解脱。

治疗骨折，首先要承认自己骨折了，再对它加以细心照料。如果还把伤口弄伤，骨头就很难接回去了。同样，如果还是把自己放在受害者的位置，就很难产生宽恕、理解、感激和信任来疗愈心灵。

> 纵容前任一次又一次地伤害自己，伤口永远都不会愈合。

以下例子阐述了如何活在当下，摆脱受害者的心理：

的确，我已经对他 / 她失望透顶，他 / 她背叛了我！但现在我可以改变自己的需求和期待。

的确，他 / 她夺走了我的爱，离我而去，抛弃了我。但现在我可以去寻找自己的真命天子。

的确，我现在很难过。但从今往后这种痛就再也不会伤害到我了。

的确，我心碎过。但现在我有责任来修复这些伤口。

的确，我现在感觉心力交瘁。但我相信爱情一定会再次降临。

的确，我或许在上一段感情中浪费了太多的时间，但我学到了很多宝贵的经验。现在，我已经能够疗愈心灵的伤口，让自己做好准备，去寻找永恒的真爱了。

### 疗愈的两大方面

心灵疗愈需要两个基础。一个是必须让自己去感受到内在的情绪，另一个则是必须有非受害者的心态。只有保持非受害者的心态，同时去体会过去那些受伤的感受，心灵才能开始疗愈。

> 疗愈心痛的过程中，不仅要去感受这种痛苦，也要让自己认识到：它们都已经过去了。

这种疗愈态度就好比一位慈父或慈母怀里抱着一个孩子，孩子哭着说："我好难过，世上没有真心爱我的人。"这时父母不会打断孩子的话，反驳道："荒唐！我们都爱你啊，我们会永远爱你。"相反，他们只会紧紧地抱着孩子，理解他的痛苦和悲伤。这样的举动才会让孩子安心，感觉到自己是有人爱的。

同理，当我们感觉自己像个受害者时，心里有一方需要扮演那对有责任感的正能量父母，另一方则需要扮演那个在理清思绪之前需要发泄情绪的孩子。扮演父母的那一方必须始终保持非受害者的心态，这样才能放下心中涌现的悲痛。

> 学会在保持非受害者心态的同时，体会心中受伤的感受，最终才会放下痛苦。

我们可以做一个小实验来具体体会其中的过程，花几分钟练习同时做两件事情：左手在肚子上顺时针画圈；同时，右手轻拍头部。

好，现在开始！很好玩的，几分钟就可以学会了。还没有掌握的话，请先不要往下读。要是很快就学会了，可以试着换一只手做，或在肚子上逆时针画圈。

练习一会儿后，你会发现这套动作没有那么难了，但也绝对不是下意识就能做到的，它需要有意识地去完成。类似地，处理情感上的伤痛其实并不难，它也需要我们有明确意识地去做。除了认识到自己已不再受到对方的伤害（轻拍头部）以外，同时也要感受到心里的伤痛（在肚子上画圈），这样才会产生必要的疗愈心态。

### 产生疗愈心态

很多人都不知道如何让自己产生疗愈心态。他们要么不承认自己像个受害者，要么陷在伤痛中无法自拔。心中百感交集，就一直在心痛、嫉妒、怨愤、责备、冷漠、绝望、不安和愧疚中苦苦煎熬。只要心灵还未得到疗愈，就无法唤醒内心的爱、智慧、接纳与创造。

在无法保持疗愈心态的情况下，仅仅向别人倾诉自己的感受可能会让情况恶化。如果倾诉的对象只是简单地认同我们的痛苦，可能反而会让我们觉得更加悲苦、绝望或心力交瘁。倾诉并不足以疗愈心灵的伤痛。即便有的时候，把心里话说出来会让自己暂时好过一些，其实心灵没有获得持久性的疗愈效果。

　　光靠愤怒或抱怨是不够的，还需要懂得宽容。在还没有更深入地理解和接受已经发生的一切之前，痛苦和悲伤只会让我们更加头痛；在还没有看到并感恩事情好的一面时，探索内心的恐惧、担忧和疑虑只会加剧不安；在还没有学会自我原谅之前，揭示羞愧、难堪和遗憾的情绪也只会让我们觉得自己还不够好，不值得别人去爱，甚至还会产生内疚感。

　　慢慢探索并充分感受过去的情感创伤，努力让自己学会宽容，理解曾经发生的一切，感恩昔日的美好，并再次建立对他人的信任。有了这样正确的疗愈心态，心灵的伤痛才会被成功疗愈。

# ♥ 11. 90/10 法则

很多时候，当前的痛苦总是会和过去未解的心结有着千丝万缕的关联。现在的心痛往往会牵动曾经的那道伤疤，那些和现在一样的痛苦都涌上了心头。无论是小时候留下的心结，还是前几段恋情中受压抑的情感，都会把此时此刻因失去至爱而受到的伤害给无限地放大。通常情况下，当下的痛苦中有 90% 和过去有关，只有 10% 才真正和当下自认为的困扰有关。现在的痛苦只是一个导火索而已。如果一直无法释怀当前的痛苦，那只能说明真正让自己悲伤绝望的原因并不是自认为的那一个。

> 当前的痛苦中，只有 10% 才真正和当下自认为的困扰有关。

生活中到处都可见 90/10 法则的迹象。比如：你今天倒霉透了，先是被别人欺负，接着又碰上了交通堵塞，头还痛得要命。这么一天下来，回到家里也必定带了一肚子的怨气。如果这个时候爱人正好撞在枪口上，他 / 她的气话就会成为一根导火索。

通常情况下，之所以会觉得爱人烦，其实都是因为当天发生的一些不快。如果这一天过得很愉快，你根本就不会把爱人的气话放在心上，很快就会原谅他 / 她。心情好，没有太多的怨气和不满，对爱人的理解和包容自然就会多一些。

这个原则同样也适用于从小时候起就一直压抑于心底的情绪。为至爱离去而悲痛绝望的同时，也激起了过往未能放下的心结。当愤恨、埋怨、冷漠、愧疚、不安、绝望和嫉妒等消极情绪席卷而来的时候，即清楚表明：90% 的伤痛是因过去的心结而起，只有 10% 的痛苦才与当下有关。

要甩掉消极情绪的纠缠并不容易，最好的办法就是把当前的情绪和过去的心结关联到一起。如果能够重新体会到过去产生心结的场景，那么完成心灵疗愈就容易多了。

处理过去已经发生的事情总比处理当前的要容易些。因为回过头来看过去，你就知道接下来会发生什么事。有了这个优势后，看待往昔的事情也就会更加客观，更能理解，也能以疗愈的心态去对待。心里一方会感觉无比痛苦，另一方则会像知己至交或慈爱的父母一样关心自己。这样就可以更快地疗愈心灵的伤痛。

> 现在回过头来疗愈过去留下的伤痛，就会有一个优势，即你知道接下来会发生什么事。

感受到安全感和支持后，心灵就会敞开，能够向外倾吐此刻的心理状态，随后过往的伤痛也会自然浮现。把当前的伤痛和过去一样的感受关联到一起，你才会放下更多的消极情绪。

这个方法帮助了成千上万的来访者及心灵疗愈课程的学员，也帮助了我自己，让我成功走出了第一段失败婚姻的痛苦。

## 工欲疗新伤，必先愈旧痕

第一次邂逅现任妻子邦妮时，我们很快便坠入了爱河。交往了一年半后，虽然想跟她结婚，但心里还是觉得没有准备好，总感觉有些不确定。我很爱她，但对于结婚还是很纠结。那个时候，我还不知道恋爱时的这种不确定的感觉是正常的。我们最后还是决定分手。

三年之后，我和另一个女人结婚了。她是我多年的好友，我们一起毕业，成为心理学博士。再后来，我们一起开设了两性关系的课程。因为深爱着彼此，我们最终决定迈入婚姻的殿堂。我们常常会一起分享爱情课上学习的心得，想借此处理情感中发生的矛盾，让这段感情一直延续下去。

结婚两年之后，我们的感情开始急转直下。先前的激情和吸引力早已消失得无影无踪，我们甚至开始思考彼此是否合适。最后这段婚姻还是破裂了。后来通过自我疗愈，我终于以爱的方式结束了这段失败的婚姻，并意识到邦妮才是最适合我的女人。

## 离婚的那一天

直到今天，我依然清楚地记得离婚的那一天。尽管分手是明智的选择，但我还是忍不住黯然神伤，无法相信事情到最后竟然会演变成这个样子。婚姻终究是走到了尽头。虽然离婚是共同的决定，但我心里还是很想跟她在一起，我还是爱着她、舍不得她。我们谁也放不下对方，对此她也觉得悲痛万分。尽管我很爱她，她也很爱我，但是我们心里都很清楚：彼此并不合适。

我一个人跑出去，哭了好几个小时。漫无目的地开着车，车里播放的是我们都爱听的音乐，我的眼泪止不住地往外流。我不知道自己要去哪里，要做什么，只觉得自己的人生已经天崩地裂了。我的婚姻破裂了，事业也一无所获。如果连自己的婚姻都失败了，那还有什么资格去向别人提供两性关系的咨询服务，还开什么课啊？！

万念俱灰下，我给母亲打了电话。通常情况下，我打电话给她只是问候最近过得怎么样，然后跟她说说我最近的好消息。记得上一次在她面前哭，说出心里的悲伤，差不多已经是 20 年前的事了。

电话里，我问她可不可以来加利福尼亚。当时我住在洛杉矶，而她住在得克萨斯州。她马上就答应了，并说道："我刚收拾好行李，准备去探望孙子，现在就在去机场的路上。等一会儿，我就去改签机票，搭下一班飞机过来。"

在机场等母亲的空当儿，我开始把所有失去至爱的感受都写下来。因为我知道这对释放情绪非常重要。不仅短期内获得慰藉，而且也会对我长期的疗愈很有帮助。在写下所有悲痛情绪的时候，我听到内心深处有一个脆弱的声音在说："不要离开我，不要走！"随后，眼前开始浮现那些早已被遗忘的儿时回忆。

### 把过去的创伤和现在的伤痛关联起来

在我 6 岁那年，家里打算从得克萨斯州去洛杉矶度假。于是一家七口开着旅行车横跨整个美国去到加利福尼亚，我是这次旅行中年龄最小的一个。去之前，父母就已经在海边租下一间度假屋，打算到了之后去拜访一下住在附近的亲戚。

我们还计划着要去迪士尼乐园玩，大家都非常兴奋。刚到度假屋，亲戚们就纷纷登门拜访，也邀请我们去他们家玩。其中，有一位表哥在我耳边悄悄说："我家就在迪士尼附近。"于是，我马上就自告奋勇说："我要去！"当时还以为大家都会一起去。

可没想到，到了亲戚家后，我才发现其他人根本就没有跟我一起来。回想当时的情景，那时的我简直感觉晴天霹雳一般，不敢相信妈妈居然没来，就让我一个人跟一群陌生人待在一起。后来我在那里待了一个星期，也没有去过迪士尼。

> 孩子往往不知道该如何去识别那些能够获得爱的机会，最终觉得无能为力。

那7天，我压根儿没有想到，其实可以让安妮阿姨给妈妈打电话，让她来接我回去。我还以为家里人都把我给忘了，觉得自己再也回不去了。记得有一天，我非常暴躁。一个6岁的男孩就这样独自一人穿过了整个街区，决定离开他眼中的监狱，去寻找家人。当我走到街的尽头时，我发现自己根本不知道接下来要去哪里。那一瞬间的挫败感，让我无力地垂下了头，只能拖着脚步往回走。

### 回家真好

在第七天，有一个表哥欺负我，我一下子就哭了出来。安妮阿姨看着我说道："你想妈妈了。"那一刻，眼泪就如洪水般涌了出来，我开始号啕大哭。没有人知道那时和家人分开让我有多么难过。

多年后，安妮阿姨告诉我，她从来没有见过一个孩子哭得如此伤心。于是她马上把我送回家，但觉得还是不要告诉我妈妈为好，以免她担心。不过妈妈还是感觉到了我的不安，她陪了我整整一天。

第二天，我走在海边，环顾四周，突然觉得自己真的很渺小。在这个浩瀚的宇宙中，人是多么微小的存在啊！

从那天起，这种感觉就一直伴随着我，时常感到自己的渺小和不安，不知道该如何去适应这个世界的发展。本以为长大之后，这种感觉就会消失。但即便到了 30 多岁，有时候仍然感觉自己还是那个渺小的、被抛弃的、找不到回家路的小男孩。

在机场等母亲航班的时候，我写下了心里所有受伤的情绪，唤起了埋藏在意识深处的这段记忆。在那之前，我一直都记得和母亲走在海边的情景，但对独自被留在亲戚家 7 天的事情完全没有印象，根本不知道原来自己曾经那么委屈。

### 唤起深藏于心的记忆和情感

这次婚姻失败的打击唤起了我心中尘封已久的情绪。就在机场等母亲的时候，我一口气把那些早已忘却的感受全都写了下来。把当前的所思所想和过去的经历关联到了一起，通过运用四种疗愈性情绪，把那个 6 岁小男孩的感受一点一点地写下来。现在回过头来看，不难排解那些悲伤的情绪，因为已经知道他没有真的被家人抛弃，但当时小男孩并不知道这些。他觉得自己是孤独的，没有人会照顾他。他气愤家人居然就这样离开了他，伤心自己要一个人待在那里，又害怕家人把他给遗忘了，从此以后就没人爱他了，也难过自己回不了家。这种无力、无助和迷惘的感觉渐渐在他心中蔓延开来。

于是，我让那些从未得到表达或倾听的情绪有机会发泄出来。就在那个机场，眼泪从脸颊滚落，当初那个离开妈妈的小男孩哭了。他觉得很孤单、很委屈、很受伤，感觉家人背叛了自己，不知道该怎么办，更害怕自己再也见不到家人了。

用这样的方式写下那些痛苦的回忆让我轻松了许多。这时，母亲的航班也已抵达。我给了她一个大大的拥抱，感谢她能过来看我。简单描述了当天和前妻离婚的事情后，我对她说："我现在都不知道我们能去哪儿。"

母亲对我刚才在机场感受到的情绪一无所知，她说："没关系，我们就去安妮阿姨家吧。"我简直不敢相信自己的耳朵。不仅仅是因为我刚刚回忆起这段往事，重新体验并疗愈了当时的伤痛，更是因为自己还可以去到安妮阿姨家里，再次亲临现场。但这次不同的是，有母亲陪着我。

## 重新体验过去

母亲陪我在安妮阿姨家整整待了一个礼拜。其间，我们去迪士尼玩了两次。虽然还是很难受，但已经可以和母亲谈自己对离婚的感受了。那一周过得很漫长，不过幸运的是这个时候有一个爱我的人陪在身边，听我讲述心里的痛苦。虽然晚上还是会难以入眠，有时还会浑身颤抖，虽然那个时候的我悲痛欲绝，但还是很感激母亲能时时刻刻陪在我身边。有时候，我真的觉得自己还是那个脆弱渺小的小男孩。

到了第七天，也就是母亲要回去的前一天晚上，一位很有地位的客户邀请我去参加他的临终宴会。他的癌症已经到了晚期，所以请了所有的朋友来参加，想和大家道个别，纪念珍贵的友谊之情。（一个月后，他就过世了。）

宴会上，他介绍我认识了很多上层名流。通常情况下，和这些名人站在一起时我都会有一些不安。但这次晚宴上，情况发生了转变。由于刚刚经历过一周的精神煎熬，所以这点小事应付起来就轻松许多。我记得在被引荐给一位名流的时候，母亲就站在我身边。于是我向他介绍了母亲。当时我看向母亲，第一次发现自己个头已经超过了她。

> 经过一周的心灵疗愈后，我看向母亲，第一次发现自己个头已经超过了她。

我印象中，母亲似乎一直都比我高。那时我第一次感觉到自己长大了，心里的那个 6 岁小男孩终于有机会长大成人了。我那时已经 34 岁了，之前还是会有 6 岁时的那种感觉——牵着母亲的手走在海边，不知道自己该如何去适应这个大千世界。

### 重新做回完整的自己

令人意想不到的是，当我重新去感受 6 岁那年经历的痛苦，回想当时的情绪和感想，最后居然让自己获得了成长。当孩子的心灵陷入痛苦时，如果他们无法表达出自己的感受，也没有人怀着关心和同情来聆听他们的心声，那么他们心里的某些情绪就会被压抑，好像身体的某一部分被冻结了一样。只有到后来发生的某些事情激起了这个地方的伤痛，那个原本已经被遗忘的部分才会长大。只有揭开了往日的伤口，才有机会将其疗愈，做回完整的自己。

经历了这次疗愈后，我终于明白以前会被前妻吸引不是因为错误，也不是因为判断有误，而是因为心里还压抑着某些需要疗愈的情感。只有等到过去的伤痛痊愈后，自己才会找到相伴一生的人。经过一年的心灵疗愈，最后我发现邦妮才是真正适合我的女人。最终，我们步入了婚姻的殿堂，一直过着幸福美满的生活。下一节我们将深入分析如何疗愈过去的伤痛。

## ♥ 12. 解决核心问题

疗愈心灵，放下痛苦的方法有很多种，除了学习四种疗愈性情绪之外，还有一种最简单有效的方法——把当前感受到的痛苦和过去受到的伤害关联起来。通过这种方式解决过往的核心问题，当下的痛苦就能得到解脱。

这种理念基于全球各种各样的治疗和疗愈法。谈起过去的时候，过往的伤痛会涌上来，但现在的你不会觉得自己还活在过去的痛苦之下。越是回忆过去的痛苦，对当下伤害的感受就会越少。"我受过伤害"和"我受到伤害了"是两种完全不同的感受。

当然，这并不表示不应该去感受当下的痛苦，只是要告诉大家一直活在痛苦之中是不会带来任何改变的。与其如此，倒不如把当前的伤痛当作跳板，让自己跳入过去未解的心结。我们应该去感受内心的伤痛，但同时也要意识到它只不过是在暗示自己对过去某个具体事情的心结还没有完全打开。理想的状态是，通过当下的伤痛来找出那些需要得到疗愈的痛苦情绪。

### 疗愈三部曲

以下三个步骤是心灵疗愈的必要过程。

第一步，把当前的伤痛与过去类似的感受关联起来。比如：今天我被人拒绝了，觉得很伤心，那么就可以回忆过去被人拒绝的场景。

第二步，重新体验当时的情景。回想过去的某个情景后，想象自己回到了那个时候，重新去经历当时所发生的一切。

第三步，多维度感受当时的情景。先想象一下自己可以向慈爱的父母、要好的朋友，还有心中的天使去倾诉当时的痛苦，然后再使用"眉头舒展"技巧来处理伤痛。

与其为拒绝而暗自神伤，不如通过回想曾经被拒绝的情景，把当下和过去的伤痛并联在一起，然后重现当时的场景，想象自己此刻正在经历那一次拒绝。这个时候，你就会有足够的时间去多维度地感受当时的情景。回溯的过程中，你可以随时停顿，让自己一点点去挖掘那些曾经可能被忽略的更深层次的感受。任何时候，你都可以选择去深入处理某种情绪，然后试着去宽容，去深入理解，并且去感激和信任。

重现往日的场景，就好像在看一部电影，可以随时按暂停。回想某个情景时，你也可以先定格任何一个痛苦的时刻，然后运用四种疗愈性情绪治疗伤痛。通过深入挖掘四种疗愈性情绪，给予自己当时没有的支持，你就能多层次地感受到当时的情绪。

**倾诉痛苦**

向朋友、咨询师或互助团体倾诉，有助于顺利完成心灵疗愈的三个步骤。谈到过去，当下的感受就会和过去的情绪联系到一起。如果倾诉的那个人和你有共鸣，你的脑海中就会自动再现过去某个痛苦的场景。

如果那个人也经历过并成功疗愈了类似的痛苦，你疗愈痛苦的能力就会大幅提升。因此，向他人倾诉痛苦，可以极大提高自动疗愈的效率。

他人的帮助有利于疗愈伤痛，但有时候也会阻碍疗愈的进程。如果别人只顾着建议，而没有静静地聆听，或许你还是感受不到自己真实的情绪，心灵疗愈也就会停滞不前。只有当你有安全感的时候，你才会去感受那些伤痛。这个时候绝对不能有顾虑，担心别人可能会贬低或批判自己的感受，或利用这些感受来攻击自己，一定要确保自己所分享的一切感受都会得到保密。满足了这些条件后，心灵疗愈的过程才能发挥到最大功效。

带着安全感去分享心里的感受是心灵疗愈最重要的一个步骤。大人之所以习惯于压抑自己的情绪，就是因为小时候没有一个完全安全的环境可以让他们表达心里的情感。大人处理情绪的第一反应其实早已在孩提时期就形成了。如果小时候没有一个安全环境，可以让自己表达情绪，那么长大后就会用压抑情感的方式来处理压力。

小时候，有些情绪常常在不合适的时间涌现。父母、临时看护人，兄弟姐妹都没有时间，也不知道该如何以疗愈的心态来聆听我们的感受。正是因为从小没有表达和探索自我感受的安全环境，我们根本没有学到该如何去处理消极的情绪，才能唤起积极的情绪，从而让心中充满宽容、理解、接纳、感激和信任。

长大了，我们可以主动营造有益的环境来帮助自己疗愈伤痛，还可以选择不会随意评判的朋友，或者会帮助我们发现并探索内心情感的互助团体以及咨询师。请记住任何时候开始学习把消极情绪转化为积极情绪的方法都不算晚。知道了疗愈破碎心灵的必要条件后，不仅会让你成功跨过失去至爱的这个坎，而且还会收获巨大的成长。

### 多层次疗愈

你感觉自己已经战胜了失去至爱的痛苦，有反弹现象也是很正常的。心情好转之后，你可能还会再感受到因情绪压抑而产生的一些症状，如：难过、怨恨、指责、冷漠、愧疚、不安、绝望，还有嫉妒。即便心灵疗愈产生了效果，在伤口还没有完全愈合，这些未了的消极情绪仍然会反反复复地出现。

心灵疗愈可以分为很多层，就好像剥洋葱一样。剥下一层痛苦后，还要再剥一层。也就是说，之前你感受到了爱和宽容，不久之后心里可能又会燃起嫉妒和怨恨。

> 心灵疗愈是循序渐进的过程，分为多个层次，一次只能处理一个。

前一秒心里还充满信心，相信自己一定会找到真爱，下一秒可能就会产生焦虑、怀疑，甚至开始思念前任。刚刚还自我感觉良好，现在可能就会心生愧疚、自卑，甚至觉得自己不值得爱。

仿佛突然之间，那些温暖、正面的情绪开始无缘无故地消失，空虚麻木的感觉反而在心中蔓延开来。这并不是倒退的现象，而是进入下一层疗愈的征兆。

完全疗愈伤痛是需要时间的。每前进两步，或许就会倒退一步。看起来好像是退步了，其实并不是，只是进入了疗愈的下一阶段而已。

> 每次觉得自己已经完成疗愈的时候，其实都只是疗愈了其中的一个层次而已。

我们一定要认识到每一次只能疗愈一个层次，否则就可能会误解心灵疗愈的过程，从而气馁，并放弃有意识地去探索内心的情感，也不会再通过疗愈消极情绪来走出失去至爱的悲伤。你可能会因此而选择压抑着情绪，只为了寻求短暂的释怀。这么做会让你一辈子都活在压抑的痛苦之中。

### 找到情感漏洞

感觉压抑，是因为生气、悲伤、恐惧和遗憾这四种疗愈性情绪中的一种或多种情绪被抑制了。为了疗愈伤痛，我们必须克服长期压抑某种情绪的习惯，找到心中缺失的情感。如果从小就开始压抑，要想凭借自己的力量去克服就非常困难。

今天早上，我没有按保存键就不小心关掉了文档。结果，刚写的两页内容丢失了。幸运的是，我有一个备份系统，可以恢复任何丢失或删除的文件。要是没有它，我可能永远都找不回那些没有保存的资料。同样地，在成长的过程中，我们也会删除某些情绪或记忆片段。只要能够恢复那些丢失的记忆片段，疗愈伤痛的能力就不会受限。

> 每个人身上都有一个备份系统，可以恢复那些丢失的记忆片段，疗愈过去的伤痛。

比如，我从小就有压抑愤怒情绪的习惯，长大后自身感受和释放愤怒的能力就会受限。这很可能会让我以后都存有恐惧、遗憾或悲伤的阴影。正因为如此，我有时候会出现嫉妒、愧疚或被压抑引起的其他症状。由于过去一直压抑着愤怒的情绪，现在面对爱人离去，就很难感受到应有的愤怒。当然，压抑其他的情绪也会如此。

寻求帮助就像使用备份系统一样，可以找回任何遗忘了的或删除的记忆。唯一需要的就是让人帮助唤醒这些记忆。脑科专家发现通过刺激大脑的某些部分，可以随机唤起病人完全忘记的记忆，一切仿佛历历在目。幸运的是，我们不用通过脑外科手术也可以唤起那些埋藏在心底的未了情绪。

> 向他人倾诉痛苦，会唤醒那些尘封已久的记忆。

人之所以会压抑情绪，是因为过去没有环境可以让自己安心地表达，又或者表达也没什么用。坚持认为不能把自己的想法、感受或诉求告诉别人，势必会压抑内心的某些情绪。当然，随便找人说出所有的心里话也不是一个安全的做法。如果这个人不支持你，那就没必要向他袒露内心的想法、感受、希望和梦想。

> 与咨询师或互助团体建立疗愈关系后，你会感觉终于可以安心地和别人袒露自己所有的感受。

只有创造一个安全的环境，让自己可以安心地探索、倾诉当下与过往的种种感受，你才会完全敞开心扉，让爱、智慧、接纳和创造力充盈心灵的每个角落。

### 如何面对过去

把当前的痛苦和过去的伤痛关联起来，过去所有压抑的情感很快就会得到释放，随后就可以感受并释放当下的痛苦。例如，过去的某些经历在你心里留下了恐惧的阴影，这个阴影就会让你无法放下当前的恐惧。于是，就会很容易陷入消极的情绪当中，不会感受到积极的情绪。

> 过去放不下的恐惧，会阻碍你释怀当前的恐惧。

使用回忆的技巧可以帮助你在当前的感受与过去的情感之间建立联结。在这个过程中，你可以放一些轻柔的背景音乐，问自己几个问题，然后认真倾听内心的答案。努力去感受脑海里呈现出来的回忆，即便这不是问题的正确答案。比如，"回想当年被人疼爱的时候"，你可能会想起一段没有人爱的回忆，这是很正常的，也在意料之中。痛苦的回忆一旦出现，马上把握，趁机疗愈过去未解的心结。

### 如何唤起过去的记忆

慢慢重现当时的那段记忆，然后运用"眉头舒展"的技巧来多层次感受那时的场景。但不用使劲地去回忆，只是一个朦胧的画面也是可以的。只要脑海里一出现某个画面，就可以想象当时可能的感受，想象那时心里出现了和现在同样的情绪。掌握这个方法之后，就不会想不起或害怕想起过去的回忆，它反而会成为帮助你的朋友。

> **即便只是一个朦胧的记忆画面也足以让自己面对过去。**

绝对不要以为自己不能反复面对过去的某一件事。事实上，你可以一次又一次地使用同一个记忆片段。每次面对具体的某个场景时，除了揭开旧的伤疤以外，你还增强了放下痛苦的能力，让自己能够用宽容、理解、感恩和信任来化解内心的伤痛。

如果在回忆的过程中，想起了当初难以原谅的事情，自己通过疗愈去原谅，那么你的宽容之心就会加强。下次再回想起来的时候，尽管已经原谅了，也要让自己回到原谅之前的时间，再体验一遍这个过程。每次重复这个过程，宽容之心就会更加强大，你也会更加熟练地通过积极的情绪来化解痛苦。

> **疗愈过去的种种情绪可以让现在的自己更加懂得宽容、感恩和信任。**

当现在遇到难以原谅的某件事情时，与其苦苦挣扎，不如回到过去，找到一件当时同样也很难原谅和处理的事情。通过把当前的痛苦和过去与之相似的经历关联起来，然后带着宽容的心态去重新体验一次，之后就能化解当下难以原谅的痛苦了。回到现在时，你会发现自己可以轻松地原谅当前的事情了。

当然，你也可以打开新的记忆。疗愈了过去的某个伤痛后，如果还需要疗愈其他的伤痛，而此刻又回想不起来小时候的经历，那么你就可以想想最近几年或任何时候发生的事情。面对能够回忆起来的事情，你也会想起其他的事情。

为了更好地运用这个方法，你可以拿出一本相册，多看看以前的照片，帮助唤醒脑海里的记忆。这些记忆的准确度其实并不重要。如果不能直接回想起来，就想象一下，自己会记得些什么。虽然可能会不准确，但效果是一样的，因为心里所想象的其实就与过去的感受有关。

### 寻找美好的回忆

提出的大多数问题其实都是为了寻找曾经美好的回忆。提问过程中，美好回忆会带来很大的爱与支持。同时，也会自然而然地回想起那些需要疗愈的痛苦经历。

当我让咨询者丽莎回想曾经感受到父爱的某个画面时，她却想起了父亲没有遵守诺言，害得她哭得很伤心的场景。当我让咨询者凯文回想过去感受到母爱的场景时，他首先想到的是开车带母亲一起去吃午饭的场景，觉得那时和母亲在一起的时光很特别。接着，我又问了他一遍同样的问题。他想起了读小学时，有次在学校等了好几个小时，都没见母亲来接他。那一刻，他心里难过极了。感受到这种情绪后，凯文成功地把当前被抛弃的感受和过去母亲忘记接他的悲伤联系在一起。

处理过去未了的情绪，不仅会让这段回忆变得美好，你还会感受到那些曾和消极情绪一起被压抑在心底的积极情绪。

**能揭开的痛苦回忆越多，美好的回忆就会越强烈、越清晰。**

当然，凯文也通过感受当时的恐惧、遗憾和愤怒来疗愈那时被遗忘的伤痛，从而感受到了当时对母亲的依赖和爱。这让现在的凯文打开了心扉并感受到了更多的爱与支持。虽然被前任抛弃了，但他因此更深切地感受到了家人和朋友的关怀。

解决了核心问题的丽莎也原谅了父亲，她回想起了曾经那个天真而又容易相信别人的自己。在原谅父亲的同时，她也更懂得了宽容自己。原本，她还在为感情的结束而感到愧疚，但是当她重新体验了小时候的天真无邪后，心中的痛苦也就释然了，当前那些羞愧、内疚和无能的感觉也消失了。

在回想过去美好的经历，解决核心问题的过程中，你会感受到所有可能一直被压抑的积极情绪。想象一下现在的自己完全活在当下，充满了幸福和快乐。并不是说让自己再当一回孩子，而是重新回到小时候，然后带着成年人的责任感去感受当时爱的能力、心中的愉悦以及创造力。

若能够找回所有纯真的积极情绪，同时又能成为阅历丰富、聪明睿智的成年人，那我们就完整了。不需要特意去发展性格中积极的一面，只需要去发现并找回曾经自身的美好特质就够了。过去的伤痛被疗愈了，心里就会产生更多的爱来疗愈当前的痛苦。

**既来之，则安之**

提出一个问题后，就要面对脑海中呈现的任何画面。如果出现的是自己不想理会的，那就先放一放，马上进入下一个问题。不用一下子就解决完所有的事情。等到心灵得到疗愈，再应对并疗愈脑海里出现的任何场景就非常容易。

自我提问的目的不是挖出那些痛苦的回忆。如果你现在的心情很好，觉得很开心，那就不用回首过去。以上提及的方法主要是为了把当前的痛苦和过去的经历相联结，从而帮助自己放下现在的伤痛。当你的脑海中涌现出你在过去成功战胜了某个困难的场景时，此时此刻的你就会看透痛苦，直面眼前的挫折。

> 自我提问的目的不是挖出那些痛苦的回忆，而是为了从过去成功战胜了困难的经历中获得支持自己的力量。

从某种意义上来说，这其实起到了一箭双雕的效果。现在对过去问题的处理可能会影响或强化当前的感觉；另外，再次去感受过去积极的情绪所带来的支持力量，有利于解决当前的问题。

此外，在咨询或心灵疗愈的课程中也可以使用这些问题。在课程期间或互助团体中，可以找一个搭档，轮流问对方这些问题，相互分享脑海中呈现的画面与感受。只要一发现核心问题，或想起有某种情感色彩的回忆时，就可以停下来，通过角色扮演和"眉头舒展"的技巧开始处理、疗愈。

在咨询或课程期间重现过去的某个核心问题之后，你就可以多层面地去感受过去的经历，深入探索并表达四种疗愈性情绪。接着你的搭档或治疗师就可以根据感受信、回信及收尾信的格式，向你提问题。按照这些信的格式来做，可以避免很多不必要的偏离主题的讨论。结束后，你也可以和对方一起讨论得出的结果。

在咨询或课程期间，可以先重现过去的场景，然后处理并疗愈核心问题。

闭上眼睛，想象如果是过去的自己会如何回答对方提出的问题。回答完，接下来需要用角色扮演来让自己听到内心想要的回应，这对疗愈大有裨益。告诉搭档过去的自己需要获得什么样的回应，再闭上眼睛，让搭档按照这样的方式去说。

听到了想要听的话后，想象一下那时的自己会有怎样的感觉。假设现在真有这样的回应，请务必要让自己去感受内心对这份应得的爱的反应。当你让这份爱流进来的时候，你就会自动感受到那些曾被抑制的积极情绪。

虽然过去已经无法改变，但我们可以让自己真切感受一下：如果当时有人听到了我们的痛苦，而且还一直陪在我们身边，我们会有怎样的感受。疗愈心灵不需要改变过去，只需要你给自己当时缺失的爱和支持，这样才能唤起那些和消极情绪一起被压抑的爱、信任、快乐、感激、自信、激动、热情等种种积极情绪。

**发展重要能力**

除了有助于解放内在的积极情绪之外，解决核心问题也利于发展那些以前尚未培养完善的重要能力。下面是一些从小就需要培养的重要能力。

- 宽容
- 原谅自己
- 尊重他人
- 尊重自我
- 乐于助人
- 懂得求助
- 用合适的方式来分享内心的感受
- 清楚表达自己的想法、感受和目标
- 怀着同理心和同情心来聆听他人的感受
- 耐心
- 自我反省
- 延迟满足
- 相互合作
- 共享荣誉
- 与他人分享成功
- 接受认可与赞美
- 给予认可与赞美
- 谨慎冒险
- 良知
- 诚实
- 认清自我价值
- 创造性地解决问题

●接受不能改变的事实

●听从内心

●为自己的行为和情绪负责

●无私奉献，同时又要行之有度

读完这段后，你会发现，其实有很多成年人没有完全发展这些能力，但只要开始学习就不算晚，疗愈心灵的过程会让你额外发展这些生活的重要能力。通过疗愈过去的伤痛来治愈当前失去至爱的悲伤，这些能力也会得到提高。只要多次反复练习，以上的每一种能力都会获得极大的提升。

### 回想练习

向自己提一些问题，然后说出你心里第一时间涌现的答案。每次回想起某个场景后，请记住它的开头、过程和结尾。然后回想一个更早些时候的场景。每个问题都要重复问两到三遍，直到脑海中不再浮现其他画面为止，就可以进入下一个问题。用这种方法回忆往日美好的时光可以很好地抚慰心中的伤痛。

如果这时候痛苦的回忆出现了，你也要欣然接受。把过去的经历与当前的痛苦关联起来，可以更有效地疗愈心灵的伤口。一旦确认这次痛苦的核心问题或有过类似痛苦的回忆，就可以用"眉头舒展"的技巧来将其疗愈。

每次重复回答同一个问题时，回想的时间段一定要比前一次的更早，直到想起最早的那个记忆。比如，当问题是"回想上学的时候"，你一定要不断地去回想，直到想起第一天上学的情景。请不要拘束于下面的内容，你可以从第一条开始一个一个来回答，也可以跳着回答。如有需要，也可以重复回答同样的问题。

**为爱重新出发之必答题：**

回想一下最后获得成功的时候。

回想一下充满自信的时候。

回想一下本来很害怕，但后来有了安全感的时候。

回想相信别人的时候。

回想感到失望的时候。

回想依赖别人的时候。

回想别人忘了但随后又记起自己的时候。

回想终于得到了自己想要的东西的时候。

回想刚开始没有得到自己想要的东西，但后来在别处得到了的时候。

回想自己手里有别人想要的东西的时候。

回想别人有自己想要的，从而激发了积极性的时候。

回想得到了梦寐以求的东西的时候。

回想没有得到梦寐以求的东西而为之继续努力的时候。

回想别人得到了自己想要的，但也为他们感到高兴的时候。

回想向他人要某样东西，结果得到了的时候。

回想以不同的方式再次向他人要自己想要的东西的时候。

回想一下为大家赢得重大的合作的时候。

回想背着沉重行囊的时候。

回想战胜身体极限的时候。

回想被人鼓励的时候。

回想被人信任的时候。

回想被人需要的时候。

回想被人欣赏的时候。

回想交到了一个朋友的时候。

回想化了很美的妆的时候。

回想犯了错但最后得到了原谅的时候。

回想战胜诱惑的时候。

回想病好起来的时候。

回想有个人很高兴看到自己的时候。

回想自得其乐的时候。

回想本不知道该做什么但最后明白了要做什么的时候。

回想一切都转好的时候。

回想到了一个新地方的时候。

回想逛街买到了自己真正喜欢的东西的时候。

回想别人帮助自己解决问题的时候。

回想大哭后就感觉好多了的时候。

回想本来有麻烦但后来事情好转起来的时候。

回想心里藏着秘密的时候。

回想吃一堑长一智的时候。

回想终于不再觉得自己一无是处的时候。

回想很灰心但还是积极采取行动的时候。

回想没有因别人迟到而生气的时候。

回想准时到达了目的地的时候。

回想为自己辩护的时候。

回想有人挺身替自己说话的时候。

回想得到了认可的时候。

回想帮助了需要帮助的人的时候。

回想上当受骗，让自己得到教训的时候。

回想虽然有人食言了但自己最后还是得到了自己需要的东西的时候。

回想和一帮人玩得很开心的时候。

回想学车的时候。

回想通过驾照考试的时候。

想象读完了一本书的情景。

想象到图书馆参观的情景。

想象看电视看到深夜的情景。

想象起床起得很早的情景。

想象给自己设定一个最后期限的情景。

想象与故人重逢的情景。

想象收到别人的礼物的情景。

回想为自己办的一场聚会的情景。

回想跌倒了重新站起来的情景。

回想错失良机的时候。

回想对房事有了新认知的情景。

回想生理需求被激起的时候。

回想亲吻一个人的情景。

想象开始做新工作的情景。

回想终于接受自己已经失去某些东西的场景。

回想和已去世的朋友相识的时候。

想象和别人一起游泳的情景。

想象从高处往下跳的情景。

想象受伤了，身边有人照顾的情景。

想象住院的情景。

想象别人带自己去到某个地方的情景。

想象心中的愿望实现了的时候。

想象经历一场愉快的庆典的时候。

想象自己换了新造型的时候。

想象去到一个陌生地方旅行的情景。

想象成功完成了某项计划的情景。

想象自己得奖了的情景。

回想鱼与熊掌不可兼得的情景。

回想停止吵架的场景。

想象自己获得了宽恕的情景。

回想自己为别人做出了牺牲的时候。

想象交到了一个新朋友的时候。

想象自己遵从本心的时候。

想象自己戒掉了某种瘾的时候。

回想避开诱惑的场景。

回想自己原谅了自己所犯的错的时候。

回想自己想吃什么就吃什么的时候。

回想终于找到了属于自己的方向的时候。

回想一定要坚持到底的时候。

回想为超越了自我极限而感到无比骄傲的时候。

回想开了好几个小时的车，终于可以休息的时候。

回想彻夜未眠的时候。

回想早上醒来，感觉神清气爽的时候。

回想朋友为自己雪中送炭的场景。

回想生病了，朋友前来探望的场景。

回想给人送花的场景。

回想迟到了，但对方没有埋怨的场景。

回想发现事情其实并没有像自己想象得那么糟的场景。

回想事情本来有所好转但自己却搞砸了的场景。

回想别人提供帮助的场景。

回想本以为自己是对的，后来却发现自己错了的场景。

回想学到了宝贵的一课的场景。

回想期待奖励的场景。

想象发现对方并没有欺骗自己的场景。

想象提前偿还了债款的场景。

想象心中无比期待着某件事情的场景。

想象告诉别人自己心愿的场景。

想象报答别人的场景。

想象自己无私付出，不求回报的情景。

想象免费获得某些东西的场景。

想象自己挣钱的场景。

想象花自己的钱买东西的情景。

想象要和别人分享的情景。

想象让别人等自己的场景。

想象提醒别人要小心的场景。

想象自己保护自己的场景。

想象赢得了一场辩论的场景。

想象教别人东西的情景。

想象第一次尝试学习新事物的场景。

想象死里逃生的场景。

回想上课的场景。

想象在众人面前表演的情景。

回想自己逗笑别人的场景。

回想在台上发言的场景。

回想在小组中回答问题的场景。

回想找到了正确答案的场景。

回想被人选中了的场景。

回想赢了比赛的场景。

回想自己的团队获胜的场景。

回想自己在比赛中得分的场景。

回想自己在比赛中获奖的场景。

回想为他人感到高兴的场景。

想象和他人一起分享的情景。

想象自己早起去做事的场景。

想象为自己感到骄傲的样子的时候。

回想他人为你感到自豪的时候。

想象渴望得到别人关注的心情。

回想自己能完美胜任某件事情的时候。

回想每次"小确幸"的时候。

回想有次很着急，后来有人过来帮忙的时候。

想象自己总把安全排在第一位的时候。

想象不想引起大家注意的心情。

想象自己弥补过错的情景。

回想自己迟到了，但对方表示谅解的时候。

想象有人记住了自己的时候。

回想向别人做自我介绍的场景。

回想自娱自乐的场景。

回想和朋友一起玩的场景。

回想照顾受伤小动物的场景。

回想自己很高兴能够帮助他人的场景。

回想自己终于知道为什么那个人总是欺负自己的场景。

想象自己对别人迟到表示谅解的情景。

想象自己等了很久，终于得到梦寐以求的东西的场景。

想象自己成功解决了汽车故障或汽车没油等意外情况的场景。

想象某人向自己道歉的场景。

想象自己把秘密告诉别人的场景。

回想别人要求自己保守秘密的时候。

回想一件让自己一直守口如瓶的事情。

想象摆脱重大危机的情景。

回想为了保护某个人而不得不说谎的时候。

回想终于获得了自由的时候。

想象你最后把事情处理得很好的时候。

回想有次祈祷应验了的时候。

想象你相信这个世界充满着奇迹的时候。

想象相信别人会为自己保守秘密的时候。

想象你对一个陌生人一见钟情的时候。

想象自己变得越来越坚强的时候。

想象自己在某一领域渐入佳境的时候。

想象你承担了风险，别人对此表示感激的情景。

想象你获得了他人的信任的时候。

想象你做出正确决定的时候。

想象你得到了某些惊喜的时候。

回想某个人让自己心情好转的时候。

回想某个人相信自己的时候。

回想犯了错但没有受到惩罚的时候。

回想没有受到某个人打击的时候。

想象自己说出了心里所有感受的时候。

想象有人真的能理解自己的时候。

回想自己一想到某个画面就忍不住笑出来的场景。

回想自己为某些事情由衷地感到兴奋的场景。

回想不公平的状况得到了改善的场景。

回想自己被保护的时候。

回想改变了某人的看法的时候。

回想自己改变了主意的时候。

回想自己改变了对某人看法的时候。

回想自己不再需要某些东西的时候。

想象自己摆脱了不体贴的男友／女友的时候。

想象自己对身边人的要求说不，但他们依然爱自己的时候。

想象自己提出了不同的看法，但他们依然喜欢你的时候。

想象自己为某个人精心准备礼物的场景。

想象自己策划一场宴会的场景。

想象在一张照片中看到自己的场景。

想象自己为了拍照摆各种造型的场景。

想象自己被迫做一些事情，尽管这些事情是为自己好的场景。

想象自己遭受了不公平的对待而羞愤的场景。

想象雇佣一批人来为自己工作的场景。

想象把自己一部分任务委托给别人去做的场景。

想象自己做了该做的事情的时候。

想象和自己喜欢的人意见不合的时候。

想象感到了父爱的场景。

想象感受到了母爱的场景。

想象自己能够抽出时间陪母亲的场景。

想象自己能够抽出时间陪父亲的场景。

想象母亲一直在身边支持你的场景。

想象父亲一直在身边支持你的场景。

回想父亲帮自己的场景。

回想母亲帮自己的场景。

回想被父亲抱在怀里的场景。

回想被母亲抱在怀里的场景。

回想被父亲照顾的场景。

回想被母亲照顾的场景。

回想有人给自己讲故事的场景。

回想自己想让母亲开心的场景。

回想自己想让父亲开心的场景。

想象母亲支持自己的时候。

想象父亲支持自己的时候。

想象自己可以漫无目的地闲逛的时候。

想象自己有个秘密藏身之处的时候。

想象有很多人关注自己的时候。

想象在比赛中胜出的时候。

想象和大家一起旅行的时候。

想象自己发了财的时候。

想象自己完成了一项任务的时候。

回想父亲原谅了自己的时候。

回想母亲原谅了自己的时候。

回想父亲保护自己的时候。

回想母亲保护自己的时候。

回想父亲教导自己的一些场景。

回想母亲教导自己的一些场景。

回想自己最爱吃的早餐的场景。

回想被父亲无微不至地照顾的场景。

回想被母亲无微不至地照顾的场景。

回想被兄弟姐妹无微不至地照顾的场景。

回想迷路了，但后来终于找到了方向的场景。

回想有次看到某人，打从心里开心的时候。

回想有人邀请自己去参加活动的时候。

回想有次觉得自己很特别的时候。

回想有次感觉到了自己与众不同的时候。

想象自己说不的时候。

想象自己生气，但同时又精力充沛的场景。

想象自己难过，但没有不开心的场景。

想象自己害怕，但同时又有自信的场景。

想象自己觉得惋惜，但又不觉得很糟糕的场景。

想象你感到无能为力但仍然愿意相信的场景。

想象你在一场事故中存活下来的情景。

想象听到好消息的时候。

想象怀着爱的心情对某人说再见的时候。

想象人生从头开始，再次踏上寻找真爱之路的时候。

唤起过去快乐美好的回忆可以抚慰当前的伤痛，为心灵增加一股支持的力量。如果当前的痛苦与过去的经历有所关联，那么在提及以上问题时，那些未了的消极情绪就会涌上心头。只有把当前的痛苦与过去的伤痛关联起来，痛苦才会马上得到缓解，心灵也会被更快地疗愈。请尽可能多地去重复使用以上问题吧。

# ♥ 13. 铭记曾经的那份爱

为爱重新出发的过程中最重要的一部分就是要铭记曾经的那份爱。专门抽出一段时间来回忆曾经和爱人共度的美好时光，是疗愈心灵最有效的方式。最后，你心里留下来的只会是那份爱，而不再有悲痛。如果无法想起曾经的爱，那么在接下来的生活中，你的心会有一大部分是封闭的。

刚开始回忆曾经的爱情时，人们往往会痛哭不已，但这些泪水都是具有疗愈性的，它们最终会抚平伤痛，拨开云雾见天日。

通常情况下，伴侣离世或希望和前任重归于好的时候，人们会比较容易回忆起曾经的爱。但如果分手或离婚非常痛苦，可能就会因为太过失望或气愤而根本不想去回忆曾经的美好。不过有一个办法可以绕过这个阻碍。

> 如果分手非常痛苦，可能就会因为太过失望或气愤而根本不想去回忆曾经的美好。

如若对前任很失望，不妨想象一下他／她已经不在人世，假装那个你心里还是把他／她当伴侣的人已经去到了另一个世界。如果你很开心自己终于摆脱了对方，那就回想一下他／她在你心里的样子，然后想象这个人已经去世。通过这样的方式，你会再次感受心中那块柔软的地方。

如果你还对重归于好抱有希望，心里就不会感受到那些失去的感觉。只要你还有这样的想法，请一定要暂时把它放下。就算重归于好真有可能发生，也要先做好心灵疗愈，这样才能让自己准备得更好。

> 当你对重归于好抱有希望的时候，就不会感受到失去至爱的悲伤。

在开始体验疗愈十二周图谱之前，首先必须做好打开恋爱匣子的准备。你可以等到自己有时间放松了，再去做这些练习。在疗愈的第一个十二周内，每周都要选一个图谱来练习。而且每一天都要重复同样的过程，直到这周结束。然后进入下一周，体验下一个图谱。

仔细阅读图谱，读完一个问题后，至少要花 10 秒钟来体会心里的反应，然后进入下一个问题。尽管读一段练习内容只需要几分钟，但实践起来至少需要 10 分钟。完成 12 个练习后，你可以回过头来，再做几遍自己最喜欢的部分。

你可以在阅读的时候放一段背景音乐；也可以通过朗读，把声音和背景音乐都录下来，然后躺下，播放录音，开始冥想。这种温馨而又治愈的方法会让你在晚上酣然入梦。

### 图谱之回忆曾经的那份爱

开始图谱练习之前，先花些时间让身体放松下来。感受身体的每一个部位，然后开始放松。想象深呼吸的时候，气流会在全身流动；吐气的时候，身体也会跟着放松。等到身体里的每一个细胞都放松下来了，就可以开始思考自己对图谱中每个问题的回应。完成图谱练习后，再做一遍放松的练习，把意识拉回现在。默念句型"此时此刻，我正处于……的过程中"10遍，并且每一遍都要在空白处填上内容，这会让你关注到当下的自己。

比如，可以说：

*"此时此刻，我正处于心灵疗愈的过程中。"*

*"此时此刻，我正处于心情好转的过程中。"*

*"此时此刻，我正处于放下上一段感情，重新寻找真爱的过程中。"*

*"此时此刻，我正处于宽容前任的过程中。"*

*"此时此刻，我正处于准备好迎接每一天的过程中。"*

### 第一周

### 第一次相遇

回想第一次相遇的情景。当时是如何邂逅的？在什么地方？从什么时候开始对他/她有感觉？心中有什么话欲言又止了？你当时都说了些什么？他/她说了些什么？你做了什么？他/她又做了什么？他/她身上什么地方最独特？想象一下自己可以回到当时的那个场景，看着他/她的眼睛，感受内心对他/她的爱。他/她当时给你的感觉是什么样的？还有别的什么感觉？探索这些感受时，一定要把焦点放在爱上。继续凝视他/她的眼睛，感受失去对方的痛苦，让思念尽情地涌现。

即便痛苦的感觉出现了，也一定要把注意力放在对他 / 她的爱上。爱会让人心情舒畅，它包容一切，接纳一切。这份爱会疗愈心中失去至爱的伤口。不久以后，痛苦会消失，唯有爱永驻心中。

### 第二周

### 第一次约会

回想第一次浪漫的约会。你们在一起都做了些什么？还记得第一次触碰到他 / 她的场景吗？还记得他 / 她第一次触碰到你的场景吗？还记得你们的初吻吗？还记得你什么时候发现自己爱上了对方，想和他 / 她白头偕老吗？现在请回到当初那个场景，再次去体会拥抱时你的感觉。

回想你们曾那么紧密地靠在一起，现在却物是人非。当初的你们是那么纯真，对爱情充满了期待与憧憬。为了他 / 她，你不懈努力，想要做最好的自己。那时的你希望并且相信一切都顺顺利利的，从此以后一定会过上幸福快乐的生活。

想象你依偎在他 / 她的身边，感受彼此之间特殊的纽带，以及紧靠在一起的温暖。当心开始感受到思念的痛苦时，一定要继续关注对他 / 她的那份爱和亲密感。专注于这份爱，会让你有安全感，还会抚慰你不安的情绪。爱是温暖又令人舒心的，它会让你勇敢地去做自己，成为任何想要成为的人。不久之后，痛苦会消失，唯有爱永驻心中。

### 第三周

### 情意绵绵之时

回想曾经如胶似漆的一刻，那一刻周围都洋溢着爱的味道。回想那一时刻的前奏以及内心的期待。创造这美好的场景需要哪些元素？回想一下当感情取得进展时你有多么喜悦，想想当时发生了什么，你们在哪里。仔细回忆每一个细节，包括当时的温度，以及空气中弥漫的味道。

深呼吸，想象自己此刻就在当时的情景中。感受身心燃烧了一把火，感受爱人对你的渴望和拥抱，感受想和爱人融为一体的欲望，感受彼此都达到愉悦巅峰时的那种激情。在这缠绵悱恻的时刻，你们紧紧相拥，内心是平和与满足的。

现在，回到当前，去感受内心无尽的空寂，以及此刻对和他／她再次进行身体和灵魂上特殊联结的强烈渴望。回想曾经那份忘我的爱恋，并借此去感受此刻和爱人的离别之殇。把此时的悲伤与曾经的甜蜜交织在一起，感受那份爱的美好，让它来疗愈你的心灵。爱是平和而又满足的，所以在爱的回忆中你会找到内心的平静。不久之后，痛苦将会消失，唯有那份平静会留存心中。

### 第四周

### 相濡以沫

回想爱人在你最需要的时候，陪在你身边。回顾当时都发生了什么。你需要什么。你说了什么话。而他／她又说了什么。做了哪些事。除此之外，还做了什么。

深呼吸，想象自己回到了当时的场景。想象现在感受到了同样的需求，你感受到了内心对爱、亲昵、接纳、信任和关怀的需求。想起当初热恋时的无限美好，感激他／她所给予的一切支持。回想与他／她相伴的日子有多么快乐，那时候的你不用独自承担生活的压力。

让感激之情满溢于心。如果你感觉到单身的负担和压力，一定要继续专注内心的感激，再次感谢他／她为自己所做的一切，当然你的内心也要认可自己所感激的事情。为失去至爱而悲恸的同时，也要去感受心中对他／她所有付出的感激。不久以后，痛苦会消失，生活会再次充满无尽的爱与支持。

## 第五周
### 点点滴滴

回想前任经常做的生活琐事，比如做家庭计划、组织家庭活动、购物、烹饪、驾车、搬箱子、付生活账单及寄信件等。平时他／她会为你做什么琐事？他／她有没有什么特别的或奇怪的行为？就是那些只有他／她会做而别人都不会做的事情，有可能是他／她打喷嚏的方式，也有可能是他／她对某些字的发音。回顾一下他／她观察事物的样子，以及看你的神情。

深吸一口气，想象此时回到了和他／她在一起的某个幸福时刻。感受你对他／她的温柔体贴，也感激他／她对你的细心呵护。被人呵护的感觉是非常美好的，因为这个时候，自己不再是孤单一人，而是别人眼里最特别的存在。

当孤独在心中蔓延时，请用心去感受曾经那份特别的爱，让这份爱来抚慰灵魂的伤痛。觉得痛苦的时候，一定要专注于这份爱，感受他／她的爱围绕在你的身边。想象自己被他／她的温柔所包围。爱是无穷无尽的，你可以让他／她知道你不但没有忘记他／她，还会永远地爱着他／她。不久之后，痛苦会消失，那份特别的爱会永远铭记于心。

### 第六周

### 有福同享

回想曾经自己会因爱人的快乐而快乐。想想当时有什么事让他 / 她这么开心，你帮了他 / 她什么。记得那个时候和他 / 她一起分享好运的喜悦。回想第一次逗他 / 她开心的时候，回想当他 / 她的生活因你而不同时的那种奇妙的感觉，而如此关切一个人会让你觉得如此有意义。

记得获得成功时，他 / 她为你感到骄傲，并由衷地为你高兴。他 / 她希望你能成功，会因你的快乐而高兴。能和所爱的人一起分享成功会是什么样的感觉？除此之外，还可以回想一些其他的美好时光。发生了什么事情？是什么让你们都这么开心？

想起他 / 她的爱与关怀时，内心的空虚会得到抚慰；感激他 / 她曾经的支持时，灵魂会得到慰藉，同时也会缓解孤独之苦。通过他 / 她的爱来安抚你的心灵，帮你重新踏上寻找真爱的旅途。感谢他 / 她肯定自己值得拥有爱，有了他 / 她的支持，你将会平安度过生命中最重要的时刻。不久之后，痛苦会消失，你会再次找到自己的真爱。

### 第七周

### 爱的力量

回想自己伤心难过或失望透顶的时候。当时发生了什么？有什么是你想要发生却没有发生的？回想在他 / 她的爱与支持下痛苦得到了缓解。回想他 / 她的安慰让你放下了防备，露出了自己脆弱的一面。回想他 / 她当时的温柔和抚慰。

深呼吸，想象你回到了过去，想象他 / 她朝你迎面走来，给了你一个大大的拥抱。这时，请感受爱人对自己的包容和理解，感受你可以向他 / 她尽情倾诉心中苦闷的自由，以及不用独自扛起重担的安心。

体会到他 / 她的爱与关怀之后，再回到当下去感受失去他 / 她的痛苦。感受内心想和他 / 她在一起的渴望，让他 / 她的爱来抚平你心中的悲伤，就像以前那样。用心感受爱人的接纳与理解，同时也通过那份爱来让你重新找回完整的自我。不要逃避爱情，多花一些必要时间来获取应得的支持。不久之后，痛苦会消失，生活会再次充满爱的力量。

## 第八周
### 脆弱的一面

回想当你担心或害怕时爱人相信你的场景。那时你在害怕什么？有什么是你不想要发生但发生了的？这让你心里产生了什么样的感受？回想你最脆弱的时刻，他 / 她一直陪在身边，对你不离不弃，他 / 她说道："我知道你一定能做到，我相信你！"又或者他 / 她会说："船到桥头自然直，一切都会好起来的。"

深呼吸，想象你回到了过去，感受他 / 她的爱在你最脆弱的时候给予你的力量。在你困难的时候，他 / 她相信你，鼓励你。所以你非常感激他 / 她的爱与关怀。

回想他 / 她对你的支持，想象要是当初没有他 / 她的支持，你会有多么脆弱。感受内心对没有人爱或自己永远都不会再有爱情的恐惧，你很害怕生活会永远失去阳光。当这股恐惧出现的时候，一定要记得他 / 他曾给你的力量。

给自己一段时间去疗愈失去的痛苦，并从此刻开始重视那份力量。

不要把爱藏起来，让它释放出来。在最艰难的时候，让别人来帮你一把。随着生活即将开启新的篇章，你一定要记住这股力量并感受它背后的支持。善待并好好使用前任留下来的礼物，也是怀念他／她的一种方式。让他／她知道你不但没有忘记他／她所付出的爱与支持，而且还会一直牢记在心。不久之后，痛苦会消失，你会再次感受到自身的力量和优点。

### 第九周

### 宽容的魔力

回想你犯了错误但前任原谅了你。当时发生了什么？你犯了什么错？你怎么让他／她伤心或失望了？在他／她无条件地爱你、理解你、包容你后，你有什么样的感受？

现在，请深呼吸，想象自己回到了那个场景。感受你由衷地后悔当时伤害了他／她。有没有什么话是那时没有说，但现在想要说出来的？带着爱去忏悔："我爱你，很抱歉发生了这样的事。"然后去感受他／她无条件的爱中所蕴含的治愈之力。

感受他／她对你的关怀，并在这种关怀中去感受你心中的懊悔，现在已经没有任何办法可以让他／她再回到你身边了。在悲痛开始蔓延时，感受他／她的爱和宽容，让它们来抚慰你心灵的伤痕。想象他／她已经原谅你了，并对你说："我知道你很爱我，你也已经尽了最大的努力，这就够了。"用心去感受回忆中他／她对你的那份爱。

想象自己的灵魂正沐浴在对方的爱与宽容之中，感受纯洁的灵魂此刻正在喷薄而出，犹如鲜花一般绽放在他／她爱的光芒下。内心新生时，一定要感激爱所赋予的疗愈之力。要知道不久之后，痛苦会消失，你会再次享受到爱情的甜蜜。

## 第十周
### 心有灵犀

回想和他 / 她心有灵犀的场景。当时发生了什么？爱人说了或做了什么？然后再回忆另外一个场景，当别人都反对时，只有他 / 她站在你这边。回想那个时候被人支持的感觉是怎么样的，当知道爱人居然能理解自己所做的努力和坚持时，心中又有什么样的感受。

深呼吸，想象自己回到了当时的场景。回想当你发现他 / 她真的能理解你正在经历的事情时你的心情。那时，他 / 她不仅看到了你想把事情做好的努力，也了解事情的整个经过，更是知道你所承受的痛苦。现在，深吸一口气，放轻松，用心去感受他 / 她的理解与支持。

失去某人的痛苦，部分是因为你觉得再也不会有人能理解你的遭遇了，也不会有人能对此感同身受。当这种痛苦呈现时，努力去回想爱人还在身边时所给予的支持，去感受有人理解、有人注视、有人认可自己的努力、艰辛、磨炼和成就时的那份宽慰与安心。

回想和爱人心有灵犀的甜蜜，这是只有当两个灵魂相爱相守，同甘共苦，同舟共济，一起追逐梦想时才会有的理解。去感受内心的孤独之痛，让心灵在回想起和爱人相濡以沫时的安心来得以安慰。此外，也可以多去接触同样也处于痛苦之中的人，向其表达理解之情，而他们也会理解你所经历的痛苦到底有多深。不久之后，痛苦将会消失，而你不会再形单影只。

## 第十一周

### 相依相偎

回想感觉到对方真的很需要你的情景。你是他 / 她生命中的一部分，而他 / 她也占据了你生命的一部分。回想他 / 她向你求助而你也能够给予相应帮助的场景。

深呼吸，想象自己回到了当时的场景。回想你对他 / 她的爱有什么样的感觉。用心去感受当爱人无比感激你对他 / 她所做的一切时，内心有多么喜悦。感受他 / 她对你生活的意义，还有你们彼此之间的联结。对于你来说，失去了他 / 她就等于鸟儿失去了翅膀，因为他 / 她是你生命的一部分，是那个不可或缺的、特别而又珍贵的、无法割舍的一部分。

当这份失去的悲伤涌入心头时，去感受那份伤心与后悔，但同时也要感谢他 / 她在往日里的陪伴，感恩你们共同创造的美好回忆。记住他 / 她曾需要过，也曾依赖过你的爱。让他 / 她知道，在你的心目中，他 / 她永远都不会被遗忘。

发现他 / 她将永远成为你生活中的一部分后，去感受心中喜乐参半的感觉。他 / 她会永远留在你的回忆中，而他 / 她的爱也会一直存在你的心里。随着时间流逝，你每次想起他 / 她的时候，痛苦便会淡化一点点。而你对他 / 她的爱也慢慢疗愈心灵的伤痛。有了这份爱，生活一定会重获新生，到处都将满溢着幸福的爱。

## 第十二周

### 爱的礼物

回想爱人当初把这份爱的礼物带进了你的生命中。回忆一下这份礼物是如何影响了你，又如何让你的生活过得更好。回想在遇到他／她之前你的生活是怎么样的，而他／她是如何点亮了你的生命；在你需要帮助的时候，他／她是如何给你力量的。再回忆一下你们一起玩耍嬉戏的快乐时光。想起爱人总是能给自己想要的。回忆中，也要感谢上帝把爱人带到了自己身边，让自己能够拥有他／她的爱。

深呼吸，回到过去，想象自己再次感受到了有他／她在身边的喜悦。想象此刻正沐浴在他／她爱的阳光中。用心去感受自己对他／她的爱和温柔，感受能够暂时回到他／她离开之前的时刻是多么快乐。

当失去的痛苦侵袭而来，努力去回想爱人曾带来的欢乐，会让心灵聊以慰藉。曾经甜蜜美好的回忆可以冲去此刻所有的悲痛。他／她是你向上天祈祷的回应，而不只是个巧合。上天是爱你的，从来都不会弃你于不顾。

虽然现在还难以想象，但通过此次经历，你会变得更坚强，也能付出和接受比以往更多的爱。你不会被忘记，他／她依然爱着你，你也会再次找到属于自己的爱情。不久以后，痛苦会消失，你可以再次体会带到爱。

## 🩶 14. 心灵疗愈之 101

有很多种方法和途径都可以帮我们完成心灵疗愈，让我们最终能带着满满的爱来怀念前任。任何有助于感受失去至爱痛苦的方法都会推动疗愈的进程。不管"黑猫""白猫"，只要能引导你找回爱、理解、宽容、感恩与信任的就是"好猫"。

以下列举了 101 种怀念或纪念至爱的方法。与其感觉什么都做不了，不如采纳这些建议，每天做些事情来加速心灵疗愈。使用下面的任意一种方法，让自己在爱的情感中怀念前任，并关注内心的情绪波动。

此外，下面这些方法也可以帮助我们走出离婚、分居或分手的情感阴影。如果心灵受到了很深的伤害，前任在世，那么为了疗愈心灵的伤口，我们就需要假想那个人已经离开了人世，这样的假设会让你更好地体会到失去至爱的痛苦。

1. 一遍又一遍地去听可以触动灵魂的音乐。

2. 看会让自己哭出来的电影或视频。

3. 读最喜欢的书，或者加入读书俱乐部，和大家一起探讨书籍。

4. 去旅行，哪怕只有一天。让自己去体验不同的世界，拥有全新的感受。

5. 去跳跳舞或放松放松。为失去的至爱而悲伤并不表示就一定要一直消沉下去，也需要和身边会享受快乐的人在一起放松一下。就算这样会让自己更加难过也没有关系。

6. 去留下了美好回忆的地方看看，尤其可以再去看看和前任初识的地方。

7. 看你们昔日的往来信件。

8. 想象一下前任就在你面前，你可以对他／她尽情宣泄心里的情绪，想象他／她正在听你说，也在回答。或者，也可以请一位朋友坐在自己面前，扮演前任。这位朋友只需要握住你的手，认真听你倾诉就够了。

9. 看你们一起录制的视频。

10. 在回忆过往经历时，点燃一根长长的蜡烛，或者点上几根香薰蜡烛，回忆你们爱情的甜蜜时光。

11. 先自己一个人翻阅相册，再跟朋友一起看。和不同的朋友看，就会有不一样的感受。也可以跟他们一起说说过去。

12. 把他／她的一生编写成一本书，送给家人和他／她的朋友。

13. 保管好他／她留在你身边的个人物品。

14. 把他／她的照片放在床头柜上，每天睡觉前、起床后都对照片说晚安和早安。

15. 把爱人离去或分手的故事告诉身边的每一个朋友。每讲一次，心里的伤疤就会多一层，接收到的爱也会更多。

16. 加入社会互助团体，和大家一起分享各自的故事。听到他人说起情感经历，倾诉痛苦时，会不禁勾起自己心底的伤痛。同时，也可以每周向大家分享自身日渐好转的状态。

17. 参加心灵疗愈课程，里面有很多和自己有相同经历的人。在伙伴的支持下，心灵疗愈会更加顺利。

18. 出席一些社交活动或度假旅行，和大家一起感受不同的体验，塑造全新的自我。

19. 把前任所有好的地方都一一罗列出来，然后说给身边的朋友听，记住每次说一个就好了。

20. 逛网络社交平台，找人聊天。这种匿名的聊天方式比较自由，你可以测试一下自己最新的情感状态。试着展现最真实的一面，体验全新的自由。

21. 学一些新的东西来纪念前任。报名参加可以让自己学到新东西或前任感兴趣的课程。

22. 给自己买份礼物，假装这是前任买给你的。想一想他／她会给你送什么礼物来哄你开心，然后就给自己买那个礼物。

23. 记住他／她最喜欢你的地方，以此来怀念他／她。

24. 在他／她的坟前或照片前放上鲜花，刚开始的一周，每天一次，然后减少到每周一次，持续三个月，第二年减少到每月一次，最后一年一次，在他／她生日的那天。

25. 想想：他／她为你和别人付出了什么，或帮助了什么？把答案一一写下来。当然，也可以向其他人问这个问题。

26. 把对他／她的感激之情写下来。

27. 以他／她的名义给自己写一封鼓励信，然后寄给自己。

28. 在花园，专门为他／她留一个位置。

29. 买一些漂亮的小饰物放在壁炉架上，睹物思人。

30. 写一封谅解信给对方，原谅所有你还记得的过失。读这封信时，可以让一位朋友或治疗师扮演他／她，就像他／她此刻正在聆听。

31. 写一封致歉信，为每一个自己认为有错的地方致歉，同时也让治疗师或朋友扮演一下前任。

32. 以他／她的名义写一封回信，信中表明他／她已经原谅自己犯下的过失，然后把这封信寄给自己。让治疗师或朋友来扮演他／她。闭上眼睛，想象治疗师读的这封信就是他／她要对你说的话。

33. 以他／她的名义写一封致歉信，寄给自己。同样也找人扮演。治疗师读这封致歉信时，自己闭上眼睛，感受心里的谅解及其他情绪。

34. 想想前任是否关注过或支持过哪些慈善团体。如果有，就以他／她的名义向这些慈善团体募捐，如果能有一些被公众认可的表彰就更好了，比如为他竖立匾额等。

35. 每天专门留出一个小时的时间做疗愈练习，或者听心灵疗愈系音乐，做视觉化练习。专门选一首在感受失去的悲伤时播放的音乐。

36. 告诉身边的朋友，感受悲伤会让自己好受一些。虽然过程很痛苦，但能让自己感受到对前任的爱也是很好的。如若不然，朋友就会对你失去耐心，觉得你花了太多的时间沉溺于悲伤。因为没有经历过，所以无法理解你的需求。

37. 找时间去听听别人失去至爱的故事，设身处地地站在他们的角度去感受，会发现原来并不是只有自己会痛苦。之后，心里的孤独感也会逐渐消退。

38. 去新的地方，结交新的朋友，体验新的生活，认识新的自己。

39. 养一只宠物。照顾小动物可以有效排解抑郁，疗愈心灵，甚至恢复年轻活力。

40. 向朋友寻求帮助，他们一定会很乐意提供支持。让他们请你吃饭。如果他们看起来好像在回避什么，那只是因为他们不知道该说些或做些什么。其实他们是很愿意为你做力所能及的事情的。

41. 不要急于完成疗愈的过程。首先要给自己3—9个月的悲伤期，具体时间由自己来定。如果事先没有准备好，很可能会逃避这段特殊的疗愈时期，或者会在疗愈的特殊时刻表现过于着急。这段时间将会是一生中最特别的回忆。

42. 把注意力集中在当下。每天早上醒来，对着镜子说："我现在要面对……"说出脑海中浮现的第一句话，并重复说10遍。

43. 想一想如果前任还在身边，你这周会做些什么，然后就去做这些事。

44. 试想：假如你完全认为这一切就是最好的安排，心里会有怎样的感受。

45. 列举一些让自己觉得高兴的事情。人们往往会在悲伤的时候，忘记感激当前所拥有的。

46. 对自己多一点耐心。遇到挫折，与其气馁消沉，不如好好犒赏自己一番。

47. 消沉抑郁时，不妨去租10部喜剧片，一天看完全部。

48. 让朋友抱抱你。虽然失去了生命中重要的爱情，但仍然可以通过拥抱的方式来明白内心的需求。只要说一句："你可以抱我一下吗？"

49. 每周做一次按摩。身体上的接触和爱同样重要。为了心灵疗愈，也必须照顾好自己的身体。

50. 告诉自己：生活本就不公平。回想原本期待和前任一起去完成的梦想和目标，体会失望的滋味，然后写一封信表达心里的感受。

51. 不要在朋友面前努力装坚强，说自己没事。要允许自己的情绪跌到谷底。只有接受了悲伤的情绪，心灵才会开始疗愈。让疗愈过程顺其自然，所有的痛苦才会彻底烟消云散。

52. 假如你在耶路撒冷，可以去"哭墙"（位于耶路撒冷城中）那里看看和你一样处于悲痛中的人们。现在更流行的做法是通过参加心灵疗愈课程来疗愈过去的悲伤，或哀悼失去的至爱。

53. 如果当初没有好好跟对方道别，现在就可以找一个朋友或治疗师，面对面坐下来，闭上眼睛，握住对方的手，想象现在就有一个道别的机会。通过角色扮演，呈现心中想要的离别方式。然后再交换角色，想象前任会对自己说什么。

54. 如果心里对这段情感的破裂有愧疚，觉得自己本可以做点什么，不妨跟朋友或治疗师倾吐自己的想法。要想让自己原谅自己，就需要把这一点弥补上。帮助困难中的人，以自己认为好的方式出手相助，给予他们爱与支持。有了付出后，心中的内疚和惭愧就会一点点消退。

55. 回归大自然。清晨出去散散步，天气许可的话，可以赤脚在草地上走走，尽情呼吸清晨的新鲜空气。

56. 如果觉得离开有助于心灵疗愈，那就暂时放下工作，尽早安排度假事宜。大家会理解你的处境的。

57. 剪下他／她的死亡讣告，每隔几天读一遍。

58. 请朋友把葬礼的整个过程都录下来，以后想要寻求安慰，就可以拿出来看。有时候因为太过震惊，来参加葬礼，心里还是难以相信。

直到葬礼结束好几天后才开始缓过来，感觉到伤心欲绝。这个时候最需要支持。让朋友用摄像机或录音机把别人喜欢你前任的地方说出来，也让他们说说是怎么和他／她相识的，谈谈在他们的心里他／她是个什么样的人。录制完后，自己就可以经常看这些视频或听录音。

59. 不断告诉自己："我会挺过去的！"记住别人也经历过同样的痛苦，他们也都挺过来了。自己也一定会雨过天晴的。

60. 回想你们初次邂逅的情景，给当初介绍你们认识的人写一封感谢信，然后把信寄出去。

61. 给宇宙的投诉部门写一封信，尽情发泄心中所有的愤怒、怨恨和伤痛，接着表达出下一层的情绪波动，写出自己的伤心、恐惧和遗憾。最后代表上帝或天使写一封回信，寄给自己。

62. 让朋友过来陪陪你。告诉他／她："你不用说什么话，也不用做什么事。我们不看电视、不做饭，也不看书，你只要陪我出去走走，坐下来看日出日落就可以了。"这样会让心平静下来。

63. 允许自己像个小孩。如果这次失去勾起了过去未解的心结，不妨到动物园走走，也可以和好朋友或家人一起去主题公园玩，融入快乐的孩子们当中。

64. 参加婚礼。最好的疗法就是让自己沉浸在爱的氛围里。虽然会感到些许伤感，但也会带来疗愈。

65. 如果喜欢竞技体育，就去参加比赛，不要停下来。尤其对男性来说，运动可以帮助他们发现生命的意义，激励自己不断向前。

66. 为自己祈福，分享内心深处对自己的不满。让内心的信念伴你走过人生的至暗时刻。

67. 把自己放在第一位。是时候纵容一下自己，放下肩上的责任与压力。现在的你正处于至爱离去的悲伤当中，还有很多事情需要马上去做。

68. 如果朋友没有过来问你现在的感受，那就自己告诉他们你需要什么。跟他们说："我心里正堵得慌，想用 10 分钟好好分享一下。你们只要听我说说话，我就会好很多。我真的需要把它们倾诉出来。"如果他们同意了，就可以开始分享你和前任之间的点点滴滴，从而让悲伤得到发泄。

69. 不要忍住眼泪，允许自己放声大哭。就算是一个人哭泣，也没有关系。哭，是心灵疗愈的一剂良方。想要哭个痛快，不妨去听听百老汇的音乐剧《悲惨世界》。更好的做法是，先去现场听音乐剧，再回家一遍又一遍地播放。

70. 谨慎处理夫妻双方的财产分配问题，尽量减少冲突，避免争吵。万一真的争吵起来了，时刻提醒自己其实他／她真正烦心的是婚姻破裂了。离婚后，处理财产分配之前，可以先分居一段时间。等到把伤痛疗愈得差不多了，再来决定财产分配的问题，这样做会比较好。

71. 不要试图掩盖心里的悲痛，现在应该把它宣泄出来，展现真实的感受。

72. 无论是伴侣去世，还是婚姻破裂，都不要对孩子说："你们一定要坚强。"不要让孩子看到你难过的情绪，而要尽可能多陪陪他们。等孩子都去上学或都不在身边，再把心里的难过全部发泄出来。不要希望从孩子身上得到安慰。这样做，孩子就不能从你身上获得安慰。

73. 不要让情况恶化。不让孩子哭是错误的做法；同样，也不要把事情严重化，让他们自己去感受就好了。孩子需要一段时间来处理自己的情绪，或许也会为其他事情感到焦躁不安。这时，支持他们最好的方法就是聆听。要一直问他们："还有什么事让你心烦呢？"

74. 看到别的情侣或夫妻甜甜蜜蜜，心里感到一阵难过时，不妨激起自己的愤怒。对着镜子，表达出你为什么会生气。几分钟后，表达自己想要什么。再过几分钟后，大声喊出你值得拥有的一切。你马上就会觉得好多了。

75. 听到别人称赞前任，心里觉得嫉妒或生气时，不妨拿出一张纸，把自己心里埋藏的恐惧都写出来，比如："再也不会有人爱我了。"或者"我不够好。"然后一一写出让自己觉得很感激的事情。

76. 参加社区服务活动，尤其多和那些会对你的付出表示感谢的人在一起。

77. 问问自己：假如已经确信未来两年的生活一定会再次充满幸福和快乐，到时候会有什么样的感受呢？请闭上眼睛，想象一下这样的未来，然后把你的感受大声地告诉朋友或治疗师。可以通过以下短句来描绘内心的积极情绪："感谢……""很高兴……""相信……"

78. 开车去山顶、小河边或海边走走，举办一个小小的告别仪式。抽出半天的时间出去走走，可以帮助心灵获得极大的疗愈。抛撒花瓣，也是对爱的一种传达。

79. 和心灵导师沟通，寻求心灵上的援助和指引。

80. 想一想前任过去有什么事情是一直想做的，或者有什么心愿还未完成，可以替他／她去做的。

81. 打电话给他／她的朋友，告诉他们有关他／她去世的所有细节。

如果是离婚，就跟你的朋友说自己为挽救这段婚姻所做的努力，不过最终还是意识到自己和他／她不合适。也试着说说他／她为这段婚姻做的努力，即便目前心里还不太相信。

82. 最简单的方法就是不断去原谅。最容易让自己原谅前任的方法就是认识到他／她根本不知道自己正在做什么。

83. 要知道，今天所受的苦会变成明天帮助他人的资本。等到自己的痛苦痊愈后，不仅会在看到别人经受这种痛苦时觉得十分同情和关注，还会学习到宝贵的经验，可以向他人传授。

84. 想一下自己痛苦的时候最需要什么，就能体会到别人痛苦的时候会有多么需要你。只要默默地陪伴在他们身边，对他们来说就是极大的安慰。人生中至暗时刻，有爱自己的人在身边，就够了。

85. 做最好的自己！我们常常会在感受并发泄内心的痛苦时，明白些道理。在领悟的那一刻，请把自己想要培养的优秀品质一一记录在纸上。

86. 心灵疗愈的头三十天，坚持每天写日记，记录每天产生的一些想法、感受和体验。

87. 写诗或阅读诗集。

88. 寻求慰藉。人生最黑暗的某些时刻，自己才会展现最真诚的一面。这时，一定要重新评估或提升自己的精神信念。

89. 不要限制每天让自己难过的时间，每一个人、每一天的情况都是不一样的。放松一点，自己想伤心多久就多久。

90. 顺应情绪的起伏波动，切勿认为自己一定要永远处于情感低谷或高峰。感到快乐和舒心并不表示自己背叛了伴侣，心里的悲伤也不代表对爱的宣言，这只是释放痛苦的一个过程。每一次放下，心里都会涌动出释然和快乐。

91．找到适合自己的悲伤方式。有些人会特别夸张，而有些人会比较压抑。如果你属于特别夸张的，一定要让自己多去想想那些感动而美好的时光；如果属于比较压抑的，则一定不要让自己克制心里的悲伤。

92．不要期待别人会知道你的需求。我们通常会不好意思向别人开口求助，但其实应该要让身边的朋友和家人知道自己的需求，并向他们求助。

93．去医院的妇产科看看。爱人离开后，多去感受一下洋溢在婴儿房中的喜悦，有利于心灵疗愈。某种程度上，你也在重获新生。

94．请记住"阳光总在风雨后"。就算此刻乌云更加浓厚，阳光也一定会破云而出。

95．每天抽出一段时间，做深呼吸，保持身体活跃。呼吸和运动可以刺激淋巴系统，净化身体，有助于疗愈。

96．种一棵树或特别的植物来纪念爱人，好好培育，让它茁壮成长。

97．买一样特别的珠宝首饰，让自己永远铭记爱情的美好。

98．戴一条黑色手绳，表示自己正处于哀悼期。

99．每天在日记中写下有关这段情感的三段回忆。

100．把所有想和他／她做，却再也不能一起做的事情一一罗列下来。在哀悼爱人离去的过程中，你最终会感激你们在一起的那些时光，然后准备开始全新的生活。

101．觉得痛苦时，不妨通过把当前的痛苦与过去的伤痛联结起来，重现过去的某个情景，更全面地体会当下的感受，从而帮助自己处理四种疗愈性情绪。同时也可以借助"眉头舒展"的技巧来疗愈伤痛。

心灵疗愈的关键阶段，需要时刻关注内心的情绪波动以及对爱的探知。虽然很难相信所有的一切将会过去，但是这段时间确实会成为人生中最伟大的经历。从痛苦中走出后，也会再次体会到生命的美好。想象这段时期就好比经历了一场寒冬，你需要使用各种策略和技能来确保自己不受寒风侵袭，从而保持体温和良好的身体状态。尽管这个冬季可能会有些漫长，但请记住，严寒终将逝去，春天将要到来。

# 金星人，为爱
# 重新出发

在为爱重新出发的问题上，金星人与火星人通常有着明显的差异，男人与女人所面对的问题和挑战也十分不同。对男人来说十分有用的方法在女人身上就未必有效，而女人所认为的障碍在男人看来可能就是一桩小事。所以在应对各种情况的时候，我们需要充分考虑到两性的差异，从而找到正确的解决方案。

人在痛苦的时候，仅凭第六感来处理问题往往是不明智的。很多看上去完美的解决方法有时候并不奏效。分手后的我们突然要面对一个全新的生活，走到哪儿都是分岔口，根本不知道自己接下来该往哪里走，而这些决定将会影响我们今后的生活。如果对疗愈的旅程没有一个完整、清晰的认知，那么不管是男人还是女人，都会在毫无意识的情况下错过很多可以重获真爱的机会。

第二部分会详细探讨女人在为爱重新出发的过程中会遇到的 23 个常见挑战，第三部分会探究男人在为爱重新出发的过程中会面临的 23 个常见挑战。其中对这些问题的分析及解答将会帮助你再次获得真爱。虽然这两个部分的内容分别针对男人和女人，但你会发现总有一些地方是共通的，无论是男人还是女人都可以从中受益。

站在人生的十字路口，如果你知道自己未来可能会犯哪些错误，就可以更巧妙地避开很多不必要的伤痛。做好了关键的心理调整后，你也就会更好地去迎接下一份真爱。从痛苦阶段到疗愈阶段，再到为爱重新出发，这整个心灵疗愈的过程会让你完完全全地放下过去，转身望向未来，然后朝着前方幸福美满的人生大步迈进！

# ♥ 1. 一张长长的列表

大多数时候，女人会列出一张长长的条件列表来保护自己。在对男人敞开心扉之前，她会先测试一下，检验他是否符合列表上的所有条件，然后再决定要不要交往。不幸的是，如果她还没有从上一段情伤中恢复过来，这个列表就会很长很长，会掐灭了所有可能的爱情火花。虽然这么做的确可以让她不再受到伤害，但却也从此与孤独为伴。

若失去的痛苦还在，那么这种自我保护的意识就会越来越强烈。准确地说，就是过度保护。正如之前所说，伤口在愈合的时候需要特别护理。等到愈合后，就可以做些平常护理。但如果这个伤口一直无法愈合，我们今后对它可能就会过度保护。

> 准确地说，心灵在疗愈时，我们会变得过度自我保护。

女性在过度自我保护的时候，就会对异性列出超乎寻常的条件列表。为了保护自己不再受到伤害，她会对可能有机会发展的两性关系变得极其挑剔，带有个人偏见，甚至还会跟对方提出很多无理要求。总而言之，就是吹毛求疵。在她看来，没有一个男人是她中意的。无论她多么努力地想要打开心扉，接受别人的好，可最终都会拒绝自己能够得到的，而去渴求不能得到的。她觉得这个世界上所有的好男人都已经名草有主了。从下面例子中，我们可以看出女性在测试和评判男性时会产生的一些想法。

### 女性在测试和评判男性时的想法

1. 他结过婚，那段婚姻到底出现了什么问题？关于他的前妻，他跟我讲得很少。为什么会离婚呢？他是不是刻意隐瞒了些什么？

2. 他说会打电话给我的时候，真的会打给我吗？如果他没有打来，我就不能信任他了。

3. 我敢断定他只想和我云雨一番，肯定不是想要跟我认真谈恋爱。

4. 我倒要看看他究竟会不会准时来接我。这次，我绝对不会再和一个总是把我放在最后的人谈恋爱。

5. 我觉得他肯定不会给我任何承诺，毕竟他谈过那么多的女朋友。

6. 他 35 岁了，居然还没结婚，会不会又是一个害怕亲密接触的人？我不想在他身上浪费时间。

7. 他就活在自己的世界里，绝对不会对我敞开心扉。我要找的对象一定是能对我完全打开心扉的人。

8. 他的责任感不是非常强，大概他是属于那种永远长不大的男人。我可不愿意做他的母亲。

9. 如果他一点幽默细胞都没有，那就算了吧。我之前谈过的恋爱都太沉闷了。

10. 我不喜欢他的穿着品位。他要是连自己都照顾不好，又怎么能照顾好我呢？

11. 他不像我这样注重健康，我需要找一个和我一样关注健康生活的人。

12. 他喜欢看体育节目，但是我想要有人和我一起做我喜欢的事，我可不想成为一个运动狂魔。

13. 他不是很爱干净，生活也不是很有规律。将来我可能必须跟在他后面，给他做家务，管理他的生活，我之前一直都是那样做的，但现在我再也不想背负这个重担了。

14. 他是一个很帅气也很有魅力的男人，我要怎么相信他会对我专一呢？毕竟他那么招女孩子喜欢。

15. 他对工作太投入了。我绝对不会拿自己和他的工作比。或许在他看来，工作永远比我更重要。

16. 他太关注自己的孩子了，可能不会特别把我放在心上。

17. 以他现在的年纪，想改变就很难了。他可能已经固定了自己的生活方式和沟通方式，我不想被他束缚住。

18. 他很招小女生喜欢，他绝对不会只满足于和一位大龄剩女在一起的。

19. 我不知道他一个月挣多少钱。他要是连自己都养不活，又拿什么来养活我呢？我想找有经济实力的男人，不然的话我还要照顾他呢。

20. 我们之间的共同点实在是太少了，除非我们有足够多的共同爱好，否则又怎么能适合对方呢。

21. 我父母和朋友会怎么看待他呢？他们一定会以为我是将就的吧。

你想要考验或判断伴侣，这没错。因为你必须确保对方能不能满足自己的需求和愿望。每个人都有自己的优先选择权。女人对男人一系列的考验和判断是没有任何问题的，只要这张列表不会妨碍到她约会或谈恋爱。随着和约会对象越来越多的接触和了解，女人会发现她之前的疑虑在一点点消除，对所谓完美主义的要求也减少了。渐渐地，她就能清晰地判断出哪个男人最适合自己，而不再一味追求所谓的完美了。那个时候的她一定会找到自己的真命天子。

## 💙 2. 约会面临的新压力

现如今，约会的新压力让女性越来越害怕谈恋爱。一方面社会给她们施加了太多的压力，另一方面男性在两性关系上只想长驱直入。如果有的女性想要先相处一段时间后再发生性关系，就会被认为保守或假正经。无论是在电影上还是电视上，广告上还是各种杂志上，我们总能看到：女性和男性的情感发展总是天雷勾地火。

> 如果有的女性想要先相处一段时间后再发生性关系，就会被认为保守或假正经。

当然，女人在想要性爱的时候就会很享受这个过程，不会感到任何压力，但如果她是屈于压力，那么她的自我保护欲就会变得更强。她认为："如果马上就发生性关系，我必须确保和我约会的男人一定是我想要发生关系的。"不过这样一来她在和男人约会的时候就会受到拘束，不能好好地了解对方的为人品行，她会感到很有压力，觉得自己必须马上对他做出评估，来个一锤定音。

这样做的结果注定是失败的。即使心灵已经完全疗愈好了，也需要花时间去了解男人，弄明白自己到底是否想和这个男人发生性关系。如果她遇到了一个男人，但不确定自己想不想和他"进入主题"，她就会马上拒绝他的追求，保护自己免受性的负担。结果男人遭到了拒绝，女人也失去了一次恋爱的机会。但谁知道呢，说不定在一个美好的夜晚，女人的这些疑虑可能就烟消云散了。

男人和女人对于性的态度是截然不同的。男人可以马上知道自己想不想和这个女人发生关系，但女人相反，她需要时间去做出判断。若想要自由地去寻觅爱情，女人必须首先认识到：她不用马上和男人发生性关系，决定权在她自己手里。当女人可以轻松地对马上发生性关系说不的时候，她就不会再对约会那么顾虑，也不用列那么长的列表了。她可以在自己准备好的时候，再决定要不要推进到下一步。

## ♥ 3. 多接触，少性爱

当女人把约会和性爱联系到一起的时候，对爱就会产生抗拒心理。要想放下心中对约会的完美憧憬以及那一长串的要求，最好的方法就是暂时把它们都抛开。她应该多和别人接触，但不要轻易发生性关系。只要还没对某个男人动真情，就不需要把自己好好保护起来以免受伤。因为只有你和他相爱了，又失去了他的爱，你的心才会被伤害。要是能保持一段时间不对任何人产生情感依赖，你就可以体验不同感觉的爱情，并且不会受到伤害。

在同一段时间内和三个男人接触，对女性来说是一个很好的方法，既能让她打开心扉，又不会让她受到伤害。三个男人中，有一个应该是不合适即将分开的，有一个是目前谈得还不错的，还有一个是正准备接触的。只要不和他们发生关系或任何亲密的行为，她的心就不会受伤。除此之外，和多个人接触也可以让女性在拒绝性爱的立场上更加坚定。正是因为还在和别的男性接触，她就能轻松地拒绝和其中一位发生关系。而当女性明确告诉他，自己同时在和其他男性接触时，这位男性也不会感到伤心。

> 同时和三个男人接触，一个是不合适即将分开的，一个是目前相处得还不错的，还有一个是正准备接触的。

有些女性在听到我这个建议后的第一反应就是拒绝，她们回复道："三个男人？和一个男人接触就够了！"其实这些女性才是最需要实践这个方法的人。如果一个女人不愿意出去和人接触，显然她就是想推开这些机会。她太挑了，浑身都散发着"我没兴趣"这四个大字。

> 在和人接触的过程中，女性一定要抛开那一长串的要求，降低标准。

要想改变这种模式，女人就必须确保自己只和两种类型的男人接触，一种是不会想要结婚的，另一种是绝对不想发生性关系的。理想的情况是，这些男人对她都有好感，但她对他们没有性欲的渴望。这样，接触时就不会有性关系上的压力。在接触过程中体会到友谊的时候，她就会慢慢放下自我保护的警惕，开始敞开心扉。学会了拒绝别人的性爱要求后，女人才能在合适的时机对自己说一声"yes"。

发现一个人的优良品质并非一日之功，是需要花时间去慢慢发掘的。正所谓人不可貌相，海水不可斗量。在确保自己不会受到伤害的前提下，花一定的时间和多个人接触，女人才能够打破自己的主观臆断，用心去体会男人的真心付出以及自己需给予的回应。保持双方的距离，不过分亲密，在享受乐趣的同时也能增强对爱情的信任感。

此外，有些女性拒绝这个建议的原因是觉得不符合常理。她们表示："我做不到同时和几个男人接触，我是提倡一夫一妻制的。"确实没错，但是与多个人接触并不意味着就要和这些人发生性关系。在当今社会，人们几乎难以从不发生性关系的角度去进行想象。女性认为不能和多个人接触，只是因为从未尝试过用这种新的角度看待。

　　"我只会有一个最好的朋友"，这是十分常见的想法，不过它并不排除与其他朋友的往来。同样地，多与人接触和一夫一妻制并没有什么冲突。就好比在等待遇到最好的朋友之前，要交很多朋友，你先和多个人接触，等找到了自己中意的那个之后，就马上停止和其他人接触。找到了灵魂伴侣后，你就会进入恋爱的排他性阶段，享受甜蜜的二人世界了。

## ♥ 4. 美化过去

对男性提出诸多要求的女性往往都是曾经因爱受伤或被爱人虐待过的人，这种情况也会发生在曾拥有甜蜜爱情的女性身上。如果挚爱的人离世了，她自然就会无限地美化爱人身上所有的优点，以至于对她来说，其他所有的男性都没法和他相提并论。有时候，即便是双方离异了，女性可能还是会美化前任某些好的地方。

男性身上也存在这种美化倾向。其实，不管是男人还是女人，都会与前任存在一定程度上的联结，而这种联结是现任所无法取代的。只有你把这种联结放下了，你才会认可新伴侣对自己的付出。

> 如果你还活在过去，就不会全然珍惜眼前的机会。

克服这种比较倾向，不需要采取强硬手段，你只需要去尊重它。想立马就放下过去是不可能的，它需要时间去调整。开始约会的时候，你只要记住这点就可以了。不要企图找一个人来替代前任，也不要把对方和前任相比较，而是要让自己意识到时间会改变一切。

就算你潜意识里还是会比较，但可以试着降低比较的频率，把约会看成是交朋友，和别人往来的方式，而不是为了寻找灵魂伴侣，这样就不会那么比较了，也能更加珍惜当前所拥有的。毫无疑问，没有一个新伴侣会是"更好的"，但却是不一样的。如果你觉得自己的心很小，小到只能容得下一个人或认为普天之下只有一个人会爱你，那就太狭隘了。心灵被疗愈后，你的心就会有更多的空间来容纳爱。

**认为普天之下只有一个人会爱你的想法太狭隘了。**

仅仅因为约会对象看起来不符合自己的标准，就拒绝了，这是男人和女人都会犯的错误。心里出现"哎，这个人给我的感觉和前任不一样"的时候，就是在自我设限。对别人的感觉和前任的感觉当然会不一样。随着时间的流逝，这些想法会慢慢改变。最明智的做法就是多和人接触，直到自己能完全放下过去。对爱和友谊有了新的看法后，放下过去也就容易多了。

## ♥ 5. 郁郁寡欢

女性常用来保护自己的另一个方法，就是让自己陷入悲伤之中，郁郁寡欢。尽管会很寂寞，但总比再次坠入爱河要安全得多。但是当她继续沉浸在悲伤中，逃避内心的恐惧时，这种苦乐参半的悲痛就会逐渐演变成绝望与无助。那个时候，即便她想要走出来，也无法摆脱了，只能继续煎熬着。

失去至爱之后，如果女人不能把心中的愤怒发泄出来，心灵疗愈就会难以进行。她必须感受到其他情绪，才能越过悲伤这一阶段。无论是对男人还是对女人而言，如果没有完全感受到并发泄出这股愤怒，就都会深陷在悲伤之中，不敢走出来。

> 感受愤怒，并发泄出来后，她才能感觉到其他情绪，以及宽容、感激之情，而这些情绪都会削弱她内心的恐惧。

如果你的伴侣是因为意外事故或绝症离开你，你就会很难感受到愤怒，又怎么会忍心去责怪他呢？倘若你们是离婚或分手，那么你可能会比较容易感受到心里的愤怒，要做到宽容和感激就非常难。解决这些困难的方法可以参考本部分第 20 节。

## ♥ 6. 再次坠入爱河是一种背叛

女性还会通过不让自己再次坠入爱河的方式来推开爱情。尤其在伴侣离世后，她会觉得再谈一段感情就是一种背叛。其实随着心灵的慢慢疗愈，有一点会越来越明朗：在天堂的爱人绝对不会希望活在人间的另一半从此形单影只，永远都没有爱情的陪伴。只有当活着的人勇敢地敞开心扉去迎接爱情，所有在天堂注视的天使才会感到欣慰。紧闭心门，拒绝爱情的结果，只会让自己在痛苦中泥足深陷，无法自拔。电影《布朗夫人》就深刻地诠释了这一点。

想要为爱重新出发，你不仅需要去感受内心的积极情绪，也要去感知消极情绪。下面列举出了三种常见的自我设限的想法，你必须先去质疑这些想法，然后才能将其释怀。

**"我不该再和别人相爱，他 / 她一定会觉得我背叛了他 / 她，伤害了他 / 她。"** 事实上，再谈一段感情绝不表示背叛前任。如果对方已经不在世上了，他 / 她一定希望自己的爱人能过得幸福快乐，珍惜眼前，继续过好以后的人生。重拾真爱的同时，你也可以保留对已故爱人的爱，也不会有人因此而嫉妒。试想：如果你不在了，会希望自己的伴侣从此孑然一身，就这样孤独下去吗？

**"如果我快乐了，就表示我对他 / 她的爱不是真心的。"** 重新找到快乐，并不代表自己就不爱离世的伴侣了。当自我需求得到满足，希望得以实现时，内心自然而然就会感到开心、快乐。每个人都需要爱情。从任何角度来讲，接受当下来自别处的爱与付出都不意味着自己就不再爱前任。每个人都可以让自己重新快乐起来，当然这种快乐肯定不是因为伴侣去世，而是因为你获得了自己需要和值得拥有的东西。

"如果我没有一直哀伤他 / 她的离去，那就说明我不是真心地在思念他 / 她。"为失去至爱而悲伤的原因不全是因为爱，还有出于对他 / 她的依赖。事实上，在悲伤的过程中这种依赖感会被逐渐放下，但这并不表示对已故伴侣的爱也会消失。放下了依赖，但内心会永远记住他 / 她。只有当心灵得到了疗愈，心中才会涌起对前任满满的爱，而且其中不会再夹杂着痛苦和悲伤。也许你想起他 / 她的时候，还是会有些感伤，但这种感伤里包含的会是昔日和他 / 她在一起的甜蜜欢乐，而不再是相思之苦。

有时候人们可能会觉得爱是痛苦的，其实不然。爱上某个人的感觉是妙不可言的，人生中最快乐的时光莫过于恋爱。失去至爱才是痛苦的。产生这种痛不欲生的感觉不是因为你有多么爱他 / 她，而是因为你内心无法接受对方的离开，拒绝承认他 / 她已经不在的事实。只有接受这个事实，痛苦才会消散。放下伤痛并不意味着你不再爱他 / 她；恰恰相反，只有心灵获得疗愈后，你才能再次感受到他 / 她去世前和你一起共度的甜蜜与美好。

## 💙 7. 性和自尊

在重新寻找真爱的过程中，女性常犯的另一个错误就是会和很多人发生性关系，以此来获得存在感。女人会通过男人的关注和爱慕来证明自己是值得被爱的，尤其当她在上一段感情中不受伴侣重视时，就更是如此。和自己一起生活的人不重视自己，甚至觉得自己做的一切都是理所应当的，这种情况下女人很难会满意自己当前的状态，更不用说对方出轨了。为了能再次感受到"在别人眼里自己是特别的"，女人会很容易想要用性的方式来赢取另一个男人的关注和爱慕。

然而，这样的方法注定会适得其反。在自身以外的地方寻找爱，也就意味着要依靠男性的关注和追求来感受自我价值。虽然通过男性获得浪漫的做法无可厚非，但却不能完全依赖异性来决定自己是否值得被爱。理想的状态应该是女人先做到自爱，再去吸引男人的爱慕。如果认为只有得到了异性的爱，才觉得自己是值得被爱的，那就太依赖对方了。这样做的结果，只会让他变得越来越冷淡，再一次重蹈之前的悲剧。

> 理论上来说，女人的自我价值感不应该由男人的关注和青睐来决定。

更好的方法应该是女人在不依赖男人关注或爱慕的前提下专心疗愈自己的心灵伤痛。无论对男人还是对女人来说，健康的两性关系都要建立在自爱，相信自己是值得被爱的基础之上，然后才会吸引到真心爱自己、愿为自己付出的人，并且他们也会被这样的人所吸引。当你认可了自身的价值后，就可以开始寻求他人的爱与支持。只要有了强烈的自我认知，你才会在和别人建立联结的同时也能保持健康的自我价值观。

与其马上去约会，不妨先花些时间来处理内心未了的情绪，这样更有助于找回自身的价值感。当内心开始为一直以来所遭受的忽视感到愤怒不已，而不再只是伤心的时候，就说明你已经自动开始捍卫自我价值。先感受愤怒，然后带着宽容的心态将其释放，你基本上就已经为下一段恋情做好了准备。在加强自我存在感上，没有什么方法会比心灵疗愈更有效了。

# ♥ 8. 性，责任，自我价值感

　　女性抵触爱情的另一个原因是觉得自己不得不去满足对方性的需求。女性拒绝男性的礼物时，通常是她认为自己一旦收下了，就必须在性上给予回报。有时候，我会建议前来咨询的女性客户出去约个会，让男方请客吃饭，但不要和对方发生关系。结果令人痛心的是，女性客户普遍回答道："如果不发生关系，那他干吗要带我出去呢？对他有什么好处？"这就是缺乏自我价值感的表现，她们显然都没有意识到自己的价值所在。

　　通常情况下，女人会产生这样的感受就表示，即便男方仅仅只是请她吃了顿饭，她也会感到一种必须满足对方性需求的压迫。而她要是拒绝了对方的邀请，也只是因为不想让他觉得自己是个随便的女人。这种想法揭示了女人身上普遍存在的自卑感。女人必须学会在接受男人礼物的同时，不用再去感到自己必须满足对方性的需求。

　　虽然有很多女性在职场和生意场上具有极高的自我价值感，但一旦涉及两性关系，这种自我价值感就会一落千丈，认为自己对男人的唯一价值就在于性。她们都没有意识到其实男人最看重、最珍惜的只是和她们在一起，做些让她们开心的事情而已。当然，从表面上来看，他们或许是有性方面的需求，但从更高的层次上来说，他们也和女人一样追求爱情。

> 女人的自我价值感一落千丈，认为自己对男人的唯一价值就在于性。

女人通常很难认识到自己的价值。在过去的社会中，女人一直被赋予家庭主妇的形象。现在时代不同了，她们不再只找会养家糊口的老公，男人也不再只找会养育后代的老婆。当今的年代，价值观不断更新变化，现在的男人和女人更注重的是爱情、浪漫和激情。

对现在的男人来说，女人的价值主要在于她的为人品性以及彼此之间的爱。虽然男人喜欢女人通过多种暖心的方式来支持自己，不过他最需要的是她的爱，而绝不仅仅是性。随着两人关系的不断发展，性会成为女人向男人表达爱的一种方式，但肯定不是唯一的方式。

性对男人的意义就好比婚姻对女人的意义一样，都是爱情最高层次的给予。试想：男人只想要性，就好比女人只想要结婚一样。这些说法不无道理，但有很大的局限性。男人也会想要结婚，只是这个想法出现得比较迟。同样地，女人也会有性方面的需求，只不过这个需求来得比较晚而已。

男人在追求女人的时候，可能会有生理上的冲动，同时也会觉得只要陪在她的身边就很满足了。当女人爱上男人时，她可能会期盼着和他走入婚姻的殿堂，同时也会享受和他在一起的点点滴滴，不会为了结婚而假装快乐。不过话又说回来，女人希望能和爱人结婚的想法并没有什么错。同样地，男人有生理冲动也没有什么错。

如果两人出去约会，一起共进晚餐，男人不会因此觉得有一定要娶她的义务。同理，女人也不应该仅仅因为对方买了单，而认为自己就有义务要去满足他的性需求。她不欠他任何东西，只需要报以微笑和感谢的言语就可以了。这种觉得有义务用生理上的满足来回报男方的想法实属大错特错。

> 男人不会因为带女人出去约会了，就认为自己有义务要和她结婚，那为什么女人就会觉得自己有义务要和他发生性关系呢？

只要这个男人爱慕着这个女人，即便暂时得不到生理上的满足，他还是会想和她一起出去约会，共度美好时光的。他想要对方感受到自己的心意，也希望她能回应自己的情感，而不是仅仅为了得到她的回报。就算他对此有所期待，也不会是主要动力。所以先不要急于获得生理上的满足，这样双方才能有机会感受到两人在一起的真正原因——对爱的渴望。

但是对男人来说，如果他没有得到生理上的满足，可能就会觉得自己好像就是天底下唯一一个没有获得这方面满足的人。社会上的文化压力会迫使他尽快发生关系，他自身的雄性荷尔蒙也会激起这方面的生理需求。而女人在大概过了 37 岁之后，才会逐渐产生强烈的性需求。当然 37 岁之前她也有这方面的需求，但到了 37 岁左右的时候这种欲望会尤为强烈，就像年轻小伙子整天想着性爱一样。不过悲剧的是，男人过了 37 岁后性需求反而降低了。37 岁之后，女性雌性荷尔蒙开始升高，男性的雄性荷尔蒙却在一点点下降。

> 37 岁后，男性的雄性荷尔蒙逐渐下降，女性的性需求却在增强。

在男人看来，当自己没有获得这方面的满足而其他人却有时，就会想为什么会这样。若女人没有回应男人在性方面的期待，就会严重打击到他的自尊心。当然这也不是她的责任。男人必须学会在不依靠和女人发生性关系的前提下找到自我存在感。

女人在性方面拒绝男人的方式决定了他能否接受。如果女人明确告知自己已经在和其他人约会，男人就会比较容易接受，因为他可以理解女方不想伤害别人。如果是因为她已经有交往对象，那他也能保住自己的面子。在这样的情况下，男人非但不会觉得挫败，如果他真的很爱这个女人，还会更加努力地去追求她。

## ♥ 9. 想要一场轰轰烈烈的爱情

对轰轰烈烈爱情的憧憬是女人不轻易接触爱的另一个原因。如果对方没有让她感觉到天雷勾地火般的激情，就绝对不会想和他交往。只有擦出激情的火花，才会吸引她去追求这份爱情。

在不允许自己感受到失去至爱之痛的情况下，女人自我情绪的感知能力会减弱。太想感受到曾经的感觉，就会错误地以为只要找到了真命天子，就一定能感受到爱的激情。却没有意识到是她自己压制了那些一直苦苦寻觅的感觉。因为她无法感受到发自内心的激情，才会希望男人可以点燃她对爱情的狂热。

> 在不允许自己感受到失去至爱之痛的情况下，女人自我情绪的感知能力会减弱。

如果没有处理好被自己压抑的情绪，那么即便是和既优秀又对自己有情意的男人约会，对她来说也没有太大的吸引力。只有"情感危机"才会让她为之振奋。必须通过某些猛烈的情感冲突，来刺激她心中的真实感受，从而唤醒那些被压抑的情感。这种危机可以是来自身体上的，但必须引起情感上的动荡，让她意识到有可能会失去他的爱。

> 有些女人只有在经历了"情感危机"后，才会恍然大悟，重新找回动力。

除了内心情绪被压抑以外，电影和电视剧情节也是刺激女人狂热追求浪漫和激情的另一个诱因。她们想："我最喜欢的电影明星能一眼就和对方擦出激情的火花，为什么我不能？电影、电视剧里可以做到的事情，为什么现实中就不可以？"

如果女人想要依靠男人来点燃心中的激情，那她注定会一直失望下去。也许电影中的女人可以马上感受到激情，但在现实中，点燃激情是需要时间去实现的。现实生活中那些拥有长久爱情的女人，她们的激情从来都不是一下子就被点燃的，而是经过朝夕相处一点一滴了解之后，才慢慢感受到的。

> 现实生活中的激情是需要女人用时间去培养的。

然而，对男人来说就不一样了，他们可能从一开始就会感受到情欲。男人的关注点不同，他们会先感受到生理上的吸引，然后渐渐发展成爱慕，最后才会对她倾心。女人的想法却是先关注情感上的喜爱，再是生理上的吸引。她们会先从意识上去感受激情的火花。

如果一个女人对某个男人马上就产生了生理冲动，那么显然她正在脑海中想象自己已经很了解对方了。但是当她真正了解了对方，并发现原来他不是自己所想象的那样，一定会大失所望。所以当女人马上就对某个男人产生情欲时，这是一种警示信号。

为爱重新出发时，女人如果遇到了能点燃自己激情的男人，应该绕道而行。

　　当女人痴迷于寻找激情时，就会一直游荡在失望的深渊中。而唯一能给她们带来激情的男人，从某种程度上来说也是很危险的。就好比登山爱好者喜欢冒险，赛车手渴望速度，酒鬼离不开酒一样。在冥冥之中，她们就会被那些可能会伤害到自己的男人所吸引。

## ♥ 10. 电影与现实

女人抗拒爱情的另一个因素，就是因为她们总坚持那些虚无缥缈、不切实际的想法。著名的电影制造工厂好莱坞则是导致这种倾向的"罪魁祸首"。电影与现实生活最大的区别在于：家庭生活中没有专业的编剧为我们花上好几个月的时间，不辞劳苦地帮我们找到最正确的语言，做最正确的事。我们的伴侣既不是专业的演员，也不可能一直用最完美的感受和最完美的措辞向我们传递最完美的台词。我们也没有奢华的舞台和亮丽的灯光。而且在现实生活中，这些编剧和演员也从来都不会像在电影中那样表现自己。

> 我们的伴侣既不是专业演员，也不可能总是会在最恰当的时刻，用最完美的表达方式说出最完美的台词。

不仅剧本情节和人员是虚构的，剧中场景也都是被过分夸大，经过精心设计的。只有这样才能营造出最强烈的矛盾，把激情推向高潮。在电影中，很多情节都是人为虚构的，根本不会出现在现实生活中。

感受到了电影中那种甜蜜销魂的激情后，人们心中自然就会萌发出"我也要这种激情"的想法。然而，回到家却发现自己不得不再次面对各种繁杂的日常琐事。刹那间，激情的魔力消失了。转头看向身边的伴侣时，发现生活一如既往地平淡无奇。所以很多人就会对电影里的激情无比渴望。

> 家里没有战争，没有大英雄，没有灾难，更没有死去活来的激情。

电影是虚构的，但在电影中感受到的情绪却是真实的。而且想要在生活中感受到那种魔力般的激情也是有可能的，否则当电影出现这个情节时我们就会一笑而过，不会当真了。事实上，那份激情一直都在心里，等待合适的时机迸发。电影可以帮助我们找回缺失的情感，但却不能教我们如何在日常生活中找到。要想重新感受到那股激情，我们就必须先学会心灵疗愈，让自己再次完完全全地感受自我的情绪，毫不保留地敞开心扉，接受爱的洗礼。当然除此以外，我们也需要花时间去学习新时代的两性关系技巧，创造更多甜蜜的浪漫。

## ♥ 11. 遇上错的人

很多时候，当女人打算和某个男人交往时，身边的朋友都会提醒说："眼睛要擦亮啊！"然而她还是会忽视很多显而易见的迹象，没有发觉其实男方的心早已不在自己身上了。结果她非但没有放手，反而更加渴望得到他的心，也让自己陷入了伤心的局面。如果在一段情感中，女人已经到了需要依靠自己的激情来维持的时候，那只能证明她并没有被这个男人所吸引，即便他真心爱慕自己，尊重自己。

展开新恋情的速度越快，心仪的对象就越可能会是那些无法满足你内心需求的人。只有多给自己一些时间来疗愈心灵的伤痛，你才会在冥冥之中遇到更能满足自己需求的人。倘若还是一直抓着过往的伤痛不放，你就会吸引到那些会再次伤害自己的人或是被这些人所吸引。这种吸引力法则对男人和女人都适用。

> 倘若还是一直抓着过往的伤痛不放，你就会吸引到那些会再次伤害自己的人或是被这些人所吸引。

从某程度上来说，逃避内心未了结的消极情绪，只会让你再次陷入同样的境地，喜欢的人也会勾起你那些未了的情愫。如果你还没有从上一段情感的伤痛走出来，那么你现在喜欢上的人可能会让你再次受到伤害。就算他不适合你，也会让你感知到那些过往的消极情绪。只要把握住这次机会，处理心中涌现的所有情绪，就一定能够让自己不再重蹈覆辙，摆脱恶性循环。伤痛一旦愈合，便不会再遇上错的人。

## ♥ 12. 过度幻想浪漫

对浪漫的过度幻想，也是导致女性错过真爱的另一个因素。平时看的言情小说、爱情电影和偶像剧会让她们幻想自己在现实生活中也能拥有这样的爱情，就会开始憧憬一个完美的恋人。

> 除非女人能结合现实地去期待，不再空想，这个世界上不会有任何一个男人可以满足她对爱情的憧憬和幻想。

这些女人始终坚持自己的要求。她们希望爱人既是一个很好的聆听者，又想要对方能跟自己畅所欲言，无话不谈。他既要是个"高富帅"，又要工作认真负责，同时又有很多的时间来陪自己。他一方面是社会上遵纪守法的良好公民，一方面又有点桀骜不驯。他为人大胆，喜欢冒险，但同时又适可而止，注重安全。同时他的兴趣爱好十分广泛，踊跃参与各种活动。他有自己的想法，又不会轻易被别人的想法所动摇，同时又能永远站在自己这边，给予帮助和支持。他非常独立自主，但永远离不开自己的爱。他该严肃的时候严肃，该幽默时又风趣，人见人爱。他做事坚韧干练，但又心思细腻，不失同情心。总之，他就是一个集万千优点于一身的男人。我想，看到这里，你一定能幡然醒悟，这样的人根本就不存在。

真正的浪漫确实存在而且也是有可能获得的，但并非一定要有一个具备以上所有完美特质的爱人才行。真正的浪漫其实就发生在我们满足爱人浪漫需求的瞬间。它根本就不需要完美，需要的只是学习和实践一些浪漫的技巧。最关键的一点就是要时刻关注自己内心的情感。

**真正的浪漫不需要完美。**

在女人还没有明白自己内心的情感，或还没有从上一段恋情中解脱出来的情况下，无论现在的爱人怎么做，对她来说都是不够的。过去还未解决的情感阴影都会让男人和女人对当下的一切满腹牢骚。于是我们非但不会去争取有可能得到的，反而会向爱人提出不切实际的要求，结果只能以失望而告终。

在一段感情中，你想要对方给予更多，这一点无可非议，但同时也要懂得知足常乐。从某种程度上来说，不珍惜眼前，只能说明心里还有未了的情绪被压抑着。当心门打开了，我们才会懂得去爱并珍惜眼前所拥有的一切，并期待获得更多。只有当我们期待的是一些不可能实现或不现实的东西时，这种要求才会变成问题。

## ♥ 13. 希望男人心思细腻

想要找一个女性化的爱人，也会导致女性错失真爱。在过去 30 年里，我收到很多女性的恋爱咨询电话都是关于"想要找一个心思细腻型的男人"。但她们找到之后，却还是觉得对方远没有符合自己的要求。我不止一次听到女性说她们多么想和一个情感细腻的男人在一起，然而当真的碰到了这样的男人时，她们却还是不满意。我也遇到过很多男人，他们愤怒地表示即便自己符合女人提出的所有要求，却总还是会被扣上"坏男人"的帽子，被狠狠地拒绝了。

和"心思细腻型"的男人谈恋爱，女人常常会抱怨对方太过敏感。这倒不是说她就不爱他，只是她非常苦恼这一点。她经常感觉自己要像母亲一样小心翼翼地照顾这个男人的感受和需求，渐渐地就会觉得这样的相处方式很没意思。

实际上，这并不是心思细腻型男人的错，他只是不知道该如何合理地管控自己的敏感心理而已，从而满足爱人的诉求。女人也应该要学会不再依赖他的前提下去感受自我的情绪。

> 在女人渴望男人的温柔时，其实她真正想要找的是自己的温柔。

倘若女人抓不住自己内心的情绪，就会想找一个情感细腻的男人相处。误以为如果他能打开心门，那么自己也能打开，也会像他一样了解到自我的情绪。但不幸的是，这样的依赖是有问题的，这么做根本就不能帮她打开心门。反倒会因为对方越向她敞开心扉，越觉得自己对他的责任重大。

曾有一对夫妻到我这里来咨询，妻子抱怨老公从未对自己敞开过心扉。但后来才发现真正的问题原来出在妻子身上——她对敞开心扉缺乏安全感。所以解决问题的办法不在于帮丈夫打开心门，而是让他懂得尊重妻子的感受，让她能放心地打开自己的心门。

当然，男人也能从打开心门，表达自我感受上受益。在修复恋情的过程中，男人要做的第一步就是要为女人营造一种安全的氛围，让她能放心地去表达自己的感受。否则，无论男人多么努力，她都不会感到满意。男人敏感是可以接受的，但同时也必须足够坚强。尤其在爱人需要他的聆听和陪伴的时候，一定要先把自己的情绪放一边，好好支持爱人的需求。

> 如果女人不能放心地向男人表达内心的感受，那么不管这个男人做了多大的努力，女人也不会感到满意。

很多女性客户向我抱怨，她们觉得自己的丈夫好像是来自金星的，总是唠叨个不停，但自己又没这个时间和精力去听他一直唠叨。结果就变成了：丈夫想要改善两人之间的关系，妻子却总是躲得远远的。丈夫总是想着要表达自己的感受，妻子却只想把问题马上解决掉。这种角色颠倒引发了一系列的问题，最终的解决办法就是要找到平衡。

其实这样的男人还是来自火星的，只不过他从来没有见过哪个男人成功地满足了女人的诉求。学会聆听，努力去理解对方的感受，他就会开始呈现出男子汉的气概，而爱人也会更加表现出女人的一面。虽然一开始的时候会很难，但随着"控制情绪"能力的不断增强，他就会拥有一股新的力量。

> 在聆听爱人心声、控制自我情绪的过程中，男人的男子汉气概会增强，爱人也会更加表现出女人的一面。

为了促进感情的稳定发展，女人需要支持，才会展示自己柔弱的一面。但在当今的社会大环境下，女人已经变得越来越像男人了。每天辛苦工作回到家之后，或是独自一人忙了一天的家务后，她需要男人的支持，才能让自己回归到女人的一面。没有任何办法能比陪伴她、关心她、听她倾诉当下的处境，并给予相应的理解更能让她感受到自己女性的特质了。

找一个心思细腻型的男人相处，绝不是解决问题之道。在当今的两性关系中，女人需要的是男人能够尊重她所有的情绪，希望他能敏锐地察觉到她情绪的变化，而不是关注他自己的感受。我希望在未来的30年里，婚姻咨询电话里的焦点都会变成"女人希望找一个懂得尊重她的男人"。

# ♥ 14. 郁结于心，困顿于情

郁结于心，困顿于情，是造成女人推开爱情的又一个原因。离婚或分手之后，女人往往都会用一大堆理由和案例来证明自己不能再谈恋爱了。她会自我安慰道："如果别人都没有享受到甜蜜的爱情，那我其实也就没有失去什么。"在这些所谓"事实"的安慰下，她就可以不用去面对恐惧，害怕自己会再次受到伤害了。

假如每年都有 50% 的人离婚，她就会想："原来婚姻也没有想象中的那么美好。"并以此为理由来说服自己。男人也会成为这种意识的牺牲品。就算这个统计是正确的，也并不能代表那些成千上万的拥有幸福婚姻的家庭，更不能代表那些刚注册结婚，也许以后会过上幸福生活的新婚伉俪。其实细细推敲一下，我们就会发现这种反对结婚的论断是根本站不住脚的。想一想，如果只有 50% 的人才会成为富翁，那其他的人是不是就不要去赚钱了？

> 获得幸福的婚姻的成功概率其实是非常高的——试想如果去拉斯维加斯赌博的人中，有一半会赢钱，那么这个投注赔率是不是非常诱人呢。

如果你还是不愿意去疗愈前任和上一段感情所带来的消极情绪，心中就会对异性一直持有负面的态度。在这种情况下，女人就会通过大量事例来给自己的信念打上强心剂，坚持认为男人都是不可信的，没有了男人自己反而能过得更好。而男人则会对自己说，女人都是不值得付出的，她们不管得到了多少都不会满足。实际上，这些态度都是错误、不可取的，它们不会帮助我们找到白头偕老的爱情。

这些人听到婚姻破裂的故事越多，心里就会越好受。女人如果还没有疗愈心灵的伤痛，就会开始吸食负面能量。虽然专注于这些负面能量确实能缓解心中的苦楚，但也只是暂时的。它们只是把孤独的痛苦掩盖起来了而已。要想真正地从伤痛中解脱出来，就必须疗愈一直留存在心灵上的伤口。

通常情况下加入互助团体对心灵疗愈是非常有帮助的，但这种类型的人却有可能只会把互助团体的活动变成让自己沉陷于消极状态的一个场合。所以她们必须跟治疗师一对一配合或自己做自助练习，才能取得更大的效果。除此之外，平时多关注一些积极的爱情事例，也会对心灵疗愈带来诸多裨益。同时也要尽力避免谈论两性关系的不是，因为这些话题只会让自己更加关注事物不好的一面。

## ♥ 15. 谁还需要男人呢？

如果女人在很长一段时间内都没有再谈过恋爱，她就会变得过于独立，并且会在无形之中把爱情拒之千里。不求别人，也不依赖任何人，关上心门，将爱和支持都挡在了门外。因为害怕显露出对爱情的极度渴望，她们就会表现得看上去不需要任何人一样。她们认为需要别人帮助就是弱小的表现。然而，要想打开心扉重新迎接爱情，女人就必须懂得接受他人的关爱和支持。

男人也会受到这种想法的影响，但不会像女人那样严重。男人对女人爱的需求比女人对男人爱的需求要强烈得多。当女人发现不需要男人也能满足生理上的需求时，她很容易就会觉得："找男人真是得不偿失，简直是给自己增加烦恼。"然后就固执地以为自己根本不需要男人。

> **男人对女人爱的需求比女人对男人爱的需求要强烈得多。**

男人感觉到生理上的需求时，就会主动和女人约会。从男人的角度来讲，女人要先能引起他性的欲望，他才会开始对其敞开心扉，想要追求她的爱。女人则恰恰相反，在她的心门还没有打开之前，是不会对男人有任何性的欲望，而且这种欲望也不会让她的心门自动打开。所以与自我情绪进行良好沟通，对女人来说是非常重要的，可以让她懂得如何接受他人的关爱和关怀。

信任、接纳和感激等都是接受型情绪。当女人拒绝她心中对爱的渴望时，就说明她没有感受到这些接受型情绪，于是她会逐渐变得固执，坚决不接受别人的帮助。她可能会在无意识的情况下，向周围发出这样的信号："我很强，不需要任何人帮助。"这样的女人不仅会把所有人都拒之门外，而且也让自己失去了享受生活的能力。

女人想要吸引男人的注意，就必须让他觉得自己是特别的，可以对她产生影响。然而，当女人否认自身需求，切断接受型情绪时，也就没有任何东西能够吸引到男人的关注和追求了。信任、接纳和感激皆是能够吸引男人关注的接受型情绪。女人否认自身需求，也就等于昭告天下："我不会接受任何人。"

> **信任、接纳和感激皆是能够吸引男人关注的接受型情绪。**

除推开男人的支持以外，她还会推开其他所有人的帮助。如果有人给予情感上的支持，她就会立马拒绝。不过有趣的是，她却常常喜欢主动帮助别人，问题在于她无法接受别人对自己的支持。女人失去爱情后，如果没有用心地去感受心中的痛苦，并将其疗愈，就会为了逃避失去至爱的切肤之痛，从而压抑自己的各种诉求。这样一来也把爱拒之门外，从而越来越难以接受他人的爱。每当想要切换到接受的模式时，她的心中都会涌起那些未了情伤。

如果渴望爱会带来痛苦，那不如停止这种渴望来减轻痛苦。这个时候女人非但不会依赖他人的支持或请求别人的帮助，反而会选择自己照顾自己，并处理好心中的所有需求。一旦转换模式，再次燃起对爱的渴望，她就不得不面对心里的伤痛。所以在她看来，接受别人的爱是痛苦的，这会再次揭开未愈合的伤疤。

> 如果渴望爱会带来痛苦，那不如停止这种渴望来减轻痛苦。

想要跳出这个怪圈，女人就必须意识到：爱并不意味着痛苦。她需要把这种痛苦与过去的经历联系起来，再开始疗愈；需要找一位治疗师来帮助自己走出失去至爱的痛苦；也需要回想起童年阶段非常需要爱和关怀但却因为种种原因而没有得到的时候。成年女性难以信任他人，往往都是幼年的某些经历所造成的。

倘若她觉得自己一个人就可以了，不用找治疗师，她可以先使用自助的疗愈练习，慢慢打开心门，等到自己愿意接受治疗师的辅助为止。其实对她而言，找治疗师就等于承认需要他人的帮助。当心中开始信任并认可疗愈的效果时，她的心门就会再次敞开。

当然，如果真的能做到完全自己照顾自己，这也没什么不对，但这其中隐藏了很多危机。古往今来，女人往往都需要男人在经济上和物质上给予支持和保护。所以当女人在经济和物质上都变得越来越独立时，就会面临一个十字路口——既然这两方面都已经不再需要男人的支持了，那还需要男人干什么？

> 有些女人来到了一个十字路口：既然自己已经不再需要男人在经济上的支持了，那还需要他们干什么？

只要她们还未明白自己为什么需要男人，就会一直紧闭心门，拒绝男人的任何支持。假如真的像她们所想的那样不需要男人了，也就不会有悲剧产生了。事实上，女人在经济和物质上越自立，对男人的情感需求就会越强烈。她的事业越成功，就越渴望身边有人陪伴，给她关爱。

通常情况下，女人要认识到这一点是很难的。毕竟费尽千辛万苦，好不容易才不再需要男人经济上的支持，终于可以经济独立了，却又发现自己需要他情感上的支持。这样的状况与一直以来的自我定位不相符，所以她就会把这一部分的需求埋藏在心底。不过，在和互助团体一起挖掘内心情感的过程中，她的这部分需求也会被找回。看到其他女人都打开了心扉，并获得了想要的支持，这会给她带来极大的鼓舞，让她相信自己同样也能做到。

# ♥ 16. 总是付出太多

很多女性还会因为承担过多的责任而推开了爱和支持。平时忙于满足别人的需求，根本没有时间停下来，感受或照顾自己的需求。这样的女性不仅不太会向他人提诉求，更不会拒绝别人提出的请求，总是会尽心竭力地去满足，但却不会为了自己向他人寻求帮助。

过于付出并不是件令人开心的事，但却可以得到一些回报。第一，如果她一直为别人奔波劳累，有时即便要拒绝别人的请求，也不会感到愧疚了。第二，如果她已经竭尽所能，做了一切自己所能做的，请求别人帮助的时候也会更有底气。第三，只要她忙到根本无暇顾及自己的诉求，也就可以不用去感受心中的愁苦和孤独了。

把注意力放在照顾别人的痛苦上，可以让女人暂时逃避面对自己的痛苦。虽然帮助他人是件好事，但也必须抽出时间来照顾自己的感受，寻求所需的帮助。正是因为过于付出，她失去了对内心情绪和自我需求的感知。而要想重新获得这种感知，就一定要懂得分享自己的感受。

> **如果女人过于付出，就会失去对内心情绪和自我需求的感知。**

不过过于付出的女人往往都会拒绝这条建议，不想分享自己内心的感受。理由就是："我太忙了，根本没有时间向别人倾诉自己的感受。"

总而言之，就是时间不够。而且这个问题还会一直这么持续下去，除非有一天她意识到了问题的严重性，发现问题其实就出在自己身上。她需要时间来调整，远离别人的请求，好好照顾自己内心的诉求，然后抽出时间来疗愈伤痛。理想的情况是，她可以找一位治疗师，向他倾诉心中浮现的繁杂情绪。

她一直忙忙碌碌，但事实上内心是孤独的。总是在不断付出，却没有得到想要的回报。最重要的是，她的付出不是为了自己，而是为了别人。若女人不断为别人付出，却没有感受到相应的支持时，最后就会变得心灰意冷。

> **过于付出的结果就是失望。**

女人沮丧的主要原因往往都是她感觉自己被孤立了。女人越把爱情推开，这种被孤立的感觉就会越强烈。于是，她对爱、快乐、感激和信任的感知能力会逐渐减弱。如果不想让沮丧的情绪产生，女人必须先找一个人倾诉。只有把自己的苦恼一股脑儿全部讲出来，那种被孤立的感觉才会消失，与此同时，心中也会再次涌现出温馨又积极的情绪。

女人过于付出的结果就是，她知道别人的痛苦，别人却不知晓她的苦楚，结果没有一个人主动为她提供帮助。她虽然非常熟稔他人的需求，却不太懂得主动提出自己的需求。所以人们就会觉得她很强大，根本不需要别人的帮助，或认为已经有人在帮她了。由于承担了别人太多的诉求，有太多的事情要去做，她在顾及生活方方面面的时候就会感觉自己不堪重负，简直快要崩溃了。

> 女人过于付出的结果就是，她知道别人的痛苦，别人却不知晓她的苦楚。

通常情况下，男人沮丧的时候，会表现得非常明显。他会提不起精神来做任何事情，也会没精打采地到处乱逛，一脸的垂头丧气。其实他沮丧的根本原因，就是他觉得自己不被需要了。女人则恰恰相反，她会因为自己的需求得不到满足而愁苦。沮丧时的她会对别人的需求异常敏感。所以这个时候，她非但不会萎靡不振，反而会小宇宙大爆发，浑身精力充沛，甚至还会责无旁贷地去满足别人的诉求。

因为她觉得除了自己以外没有人会去帮忙，所以一定要为他们提供帮助。倘若她有时间谈恋爱了，恋爱对象也通常会是一个需要帮助的男性。这样的男人给不了她任何的关心与支持。

不过，即便他原本并不觉得沮丧，在和她一起生活的过程中，他的心情也会变得沮丧。只有当一个女人感激男人为她所做的努力时，他才会备受鼓舞。要是女人自己包揽了太多的事情，男人的能力和力量就会被抑制住。同样地，当男人垂头丧气，无法为女人做任何事情的时候，就会促使女人承担起很多事情，一个人费心竭力。

> 如果女人自己包揽太多的事情，男人的能力和力量就会被削弱。

女人感觉到生活压力时，就会让自己越来越忙碌；而男人在面对生活压力时，应付事情的精力就会越少。或许他有精力投入工作上，但一回到家里，整个人就会像泄气了一样，瘫倒在沙发上，完全没有任何力气。

而女人面对生活压力时，会更加迫不及待地想要回家，感觉有一大堆事情需要去做。其间，她不容半点放松，也不敢忘记忧虑。越是专心处理事情，把自己的感受放一边，她就越会感觉到一股强大的压力，迫使着她不停地干活，不停地打扫，也不停地担心这担心那，直到最后用完全部的精力，她也就精疲力竭了。

### 学会减轻负担

显然，在这一点上，女人和男人的表现截然不同。男人几乎都不需要学习如何减轻负担，女人却非常需要这个训练。女人应该要学着去减少自身负担，但这不是一蹴而就的。一共需要经过以下四个阶段：

第一阶段，她需要把自己的感受和痛苦全部说出来，宣泄心中不满。只有把心门打开，向他人分享当下的状态，她才会感觉到自身的疲惫，想要减轻肩上的负担。倾诉会让她如释重负，也不用一个人扛下所有的重担了。把内心所有的感受全部说出来，可以帮助她放松下来，减少负担。

第二阶段，她需要主动地为自己多付出一些，比如去做按摩，去看治疗师，给自己买些衣物，度个小假，等等。不过除了让自己放松下来，享受生活乐趣外，她也需要认识到：世界没了她照样会运行。就算那些"必须做的事情"没有完成，天也不会塌下来。

有些女人会拒绝这个建议，表示："是的，还要把时间花在自己身上的话，事情不是会越积越多吗？"的确，但即便如此，她也必须花这些时间。渐渐地，她就会意识到，其实所谓的紧急事件都是自己强加给自己的，然后她就会去调整自己的做法了。

第三阶段，她需要学会如何向他人寻求帮助。为这个阶段做好准备后，她就会更加清楚自己真正想要的是什么，从而也就能开始寻求帮助了。在准备之前，她是根本不知道自己到底需要什么的。

（按照第二阶段的指示）多给自己一些时间，其实就是为了能够让她懂得向别人寻求帮助。如果不这么做，她可能就完全不会感受到自己需要帮助。在她的脑海里，向他人请求帮助或依靠别人来做事情简直比自己一个人去做还要难。学习如何请求支持的艺术在《男人来自火星，女人来自金星》一书中有详细阐述。

进入第四阶段后，她就能委婉地拒绝别人的请求了。在学会减少负担的过程中，不知道该如何委婉地拒绝，是女人必须跨过去的最大障碍。当然她可以直接说"不"，但却不会用委婉含蓄的方式拒绝。不过只要好好学习请求帮助的技巧，有意识地练习说"不"的方式，就一定能够熟练地做到巧妙回绝，所有要说的就是一句话——"真的非常抱歉，我帮不上忙。"但如果她还是觉得不能回绝别人，想要扛下所有事情，那么就一定要从内心开始改变，先好好弄清楚自己心里到底是怎么想的。

女人之所以无法对别人说"不"，往往都是因为她曾经经历过这样的事情，被人拒绝过，而这种难受的感觉一直在心中挥之不去。正是因为她了解被人拒绝，没人帮助自己的痛苦，她才不忍心拒绝别人。如果她曾经被人抛弃过，她也不想去抛弃别人。若要改变这种思维模式，她首先必须疗愈好那些遗留在心中的伤痛。

只要过去的那些伤痛一日未除，她就永远都无法对别人说"不"，也无法开口寻求帮助。为了不让自己遭受被拒绝的痛苦，她一定会刻意回避寻求别人的帮助。同时，也难以回绝别人的请求，因为不想伤害到对方。

> **只要过去的伤痛一日未除，她就会对别人的需求过于敏感。**

与其可能再次在自己需要帮助的时候被别人拒绝，还不如所有的事情都由自己来做。只要这个阴影还在，她就无法摆脱被伤害或伤害别人的恐惧，而这种恐惧会一直悬挂着，让她无法心安理得地请求帮助，或卸下身上的负担。对别人的诉求，她会感到一种异常强烈的责任感，以至于连自己的休息时间都可以牺牲掉。

想要疗愈过去的伤痛，就必须回忆起当时自己的需求没有被发现，或被否决，或没有得到满足的那些经历。多花一些时间去感受心中潜藏的情绪，慢慢地，她就会感受到应有的愤怒和埋怨，之后就可以开始练习宽容的方法。其间，她必须非常小心谨慎，切不可急于求成，也需要开始练习宽容和理解的方法。

因为有时候，宽容和理解会很容易掩盖心痛的事实。让我们一边告诉自己"没关系的，我能理解的"来压抑心中的情绪，一边又借助有力的疗愈工具来强行治疗伤痛，这样的做法已经司空见惯了。

> **有时候，宽容和理解会很容易掩盖心痛的事实。**

一个女人过于无私奉献，说明她曾经被人伤害过，而那个人非常自私自利，过于依赖他人，总是要求这要求那，还毫无责任感。要想培养恰如其分的责任感，她就必须感受到自己的愤怒和宽容。她不仅要为自己的需求无法得到满足而难过，也要意识到这不是自己的责任。

除非能疗愈过去的伤痛，改掉这种所谓"己所不欲，勿施于人"的思维模式，否则她很可能会一直单身下去，永远都认为自己不需要别人的帮助。在她看来，如果她都没有空余时间留给自己，又怎么会有多余的时间留给男人呢。

倘若女人在恋情走到尽头的时候产生了这样的想法，通常都是因为她儿时的一些经历，它很有可能会降低她想要再次谈恋爱的渴望。如果她在上一段恋情中爱得精疲力竭，牺牲掉了自己所有的时间，她就不会想象到爱情其实也可以丰富多彩，花好月圆。只有当她对爱情有了新的认识，对它抱有更积极、更美好的憧憬，才会放弃原本让自己孤独终老的决定。

## ♥ 17. 关心他人

总是为他人着想，把别人的需求放在第一位，结果却迷失了自我，是女人推开寻找真爱机遇的另一个常见原因。为他人着想是件好事，但会很容易因此而忽略了自己的感受和需求。发现别人遇到了比自己还大的困难时，她就不会为自己的遭遇而感到难过了。

当然，我并不是建议女人要自己可怜自己，只是她确实需要给自己一段时间，从失去的阴影中走出来。倘若女人不能放心地倾诉自我感受，她就会开始自怨自艾。为了避免陷入自我怜悯的痛苦中，她会热衷给别人帮忙。乐于助人固然是种美德，但也不能借此来回避内心的伤痕，阻碍心灵的疗愈。

> 为了避免陷入自我怜悯的痛苦中，女人会开始热衷给别人帮忙。

不过对男人来说，当他身受情伤时，帮助他人确实会对他产生非常大的效果。这会有助于他感受到自己的痛苦，并努力将其缓解。男人越是感觉到自己被需要，就越能克服并疗愈自我的伤痛。实际上，感同身受别人的痛苦，更能让男人感知到自己的感受和诉求，从而采取措施去满足内心的需求。

女人则恰恰相反，她们容易在帮助满足他人需求的过程中忘却自己。处于心灵疗愈中的女人必须非常注意，不要让自己承担过多责任，她们需要的是多为自己花些时间，照顾并满足自己的需求，否则永远都无法疗愈心灵的那道伤痕，从此以后只能靠把心思放在别人身上，才能暂时忘却自己的痛苦。

### 想要孩子

女人觉得自己不能获得想要的爱情时，就会仓促地想要孩子。很多女人会把自己的爱寄托在孩子身上，从孩子身上得到爱实在是太容易了。与其和男人建立两性关系，倒不如把爱都寄托在孩子身上。这样的想法无疑像吃了一颗定心丸，让她相信自己可以并一定会获得想要的爱。其实养宠物也可以满足同样的需求，而且养宠物比要孩子更好，不会有照顾孩子的压力。

当然，这并不表示所有的女人想要孩子都是出于这个原因。如果正值花样年华的单身女性想要孩子，她很有可能就是为了逃避男女关系而故意把自己的爱寄托在孩子身上，这样就不用去面对恋爱的种种难题了。但如果在心灵伤痕还未被疗愈之前就要孩子，这不仅是在害自己，让自己无法得到想要的爱情，而且对孩子也不公平。

其实，她需要的不是从孩子身上寻找爱，而是要学会先从家人、朋友那里获得关爱，再去获得伴侣的爱。只有拥有了幸福美满的两性关系后，她才能付出无私的、无条件的爱。这个时候，才是要孩子的最佳时机。

## ♥ 18. 害怕亲近

害怕亲近的女性往往会被很少有机会和她在一起的男性所吸引。一方面，她内心深处无比渴望爱情；另一方面，她又害怕自己会再次受到伤害。

如果有个男人仰慕她，他们也可以随时见面，她心中对再次受到伤害的恐惧就会降低她对这个男人的好感。于是她会下意识地想："我还不想恋爱，所以得找些理由，不要和这个男人交往。"这个念头会自然而然地出现在她脑海中。一旦关系靠近，那种恐惧就会让她变得极端地吹毛求疵。

如果她和一个见面次数不多的男人在一起，她就会觉得自己可以放心地去爱，把心底所有压抑的爱都释放出来。有意思的是，如果之前很少与这个男人见面，突然就可以经常见到了，这时他对她的吸引力就会瞬间消失。一旦这个男人可以经常出现在她的面前，她的那种恐惧就会加剧，于是她便会拒绝他。

这种对亲近的恐惧是可以慢慢疗愈的。女人必须先出去约会，然后一步一步发展。只要自己认识到约会并不等于和对方结婚或发生性关系，对亲近的恐惧就会开始减弱。

除此之外，她还必须找出上一段恋情中遗留下来的伤痛。在挖掘并疗愈过往种种感受的过程中，最有效的方法就是连接到尽可能早的感受。回到过去，她就能够疗愈到更深层的恐惧，而这些恐惧一般都是来自父母的伤害、背叛或令她失望的经历。只有跨过被抛弃和拒绝的恐惧，她最终才会喜欢上可以经常在一起的男人。

## 💜 19. 孩子需要我

　　把孩子的需求放在自己的需求之上，也会让女人错失爱情。离婚或丈夫去世后的女人会觉得自己既要当妈，又要当爹。她知道孩子是需要双亲的，就会竭尽全力地弥补另一半的缺失。虽然这么做很伟大，但她也切断了寻找另一份爱情的机会。

　　如果失去至爱让她痛不欲生，不言而喻，她就会更加强烈地想要为孩子牺牲自己的需求。正如前面章节所提，女人本来就很容易借助照顾别人的需求来逃避自己的痛苦。倘若这时她还不愿花时间来疗愈伤痛，抚养孩子就会成为她逃避痛苦的完美借口。

　　由于把所有的心思都放在了孩子的需求上，她就可以不用去面对再次寻找爱情的恐惧。抚养孩子的忙碌也会让她轻而易举地压抑住自己对爱和两性亲近的渴求。她或许可以在养育子女的过程中得到满足，但也把爱情隔绝在自己的生活之外。这么做，对她还是对孩子都不是一个好的选择。

> 　　抚养孩子的忙碌会让女性轻而易举地压抑住自己对爱和两性亲近的渴求。

　　看起来她确实为孩子付出了很多很多，但最后孩子的压力会很大，觉得自己一定要想办法让母亲开心起来。

没有孩子是不希望自己母亲开心的，但作为一位成年女性，她的很多需求都不是孩子所能满足的。这些成年人的需求包括两性亲密、倾诉、理解、合作、陪伴、爱情、安慰、鼓励和浪漫。而当女人没有照顾到自己的这些需求时，她的孩子就会在无形中感受到这些额外的压力，于是她一直逃避的压力就会转移到孩子身上。他们将会承担起这种不适宜的责任，想方设法地满足母亲的这些需求。

> 孩子最想要看到的就是母亲所有的需求都得到了满足。

只是无论他们怎么努力让母亲开心，结果都会失败，因为孩子无法满足她作为成年女性的需求。不管她对孩子的爱有多深，只要还没有照顾到自己的需求，那么孩子就会承受今后生活中出现的诸多问题。

通常情况下，如果孩子为母亲的快乐承担过多责任，他们就会成为那种所谓的老好人和"万金油"。作为孩子，他们不得不放弃自己的部分时间来让母亲快乐。这种模式会一直延续到成年。他们会持续地过度牺牲自我，之后又会愤恨自己没有获得想要的。他们难以区分自我需求和他人需求的差别，所以就会对别人的需求有异常强烈的责任感，到头来就会一直这样过度付出。

> 如果母亲的需求得不到满足，这个孩子就会变成所谓的老好人、"万金油"和那种过度为他人付出的人。

孩子过早地承受这种压力，很容易走向另一个极端。他不会想去让母亲开心，反而变得漠不关心。这对孩子来说是非常悲哀的事情，他一旦失去了想让父母开心的原动力，也就会迷失生活的方向。不仅不知道自己想要什么，还容易受到别人的影响。这样的孩子会模仿周围的小伙伴，别人想要什么，他就跟着要什么，或者会模仿电视上看到的人物行为，却对自己真正的渴求一无所知。

如果一个小男孩始终无法让母亲快乐，他长大以后，当他的爱人也因为某些事情而不开心的时候，他就会变得沮丧。这时的他非但不会轻声细语地安慰爱人，反而会自我防卫，表现过激。他要么会异常沮丧，要么就特别愤怒。因为他无法忍受自己又一次无法让另一个女人开心的事实。

但如果是一个小女孩的话，她要么变得和母亲一样，要么就会努力抑制内心的需求，不想给别人增加负担。不幸的是，她压抑了自我的需求，却让爱人感到无比挫败，他觉得自己仿佛无法接近她。他越是努力，她就离得越远。因为她不想让自己成为别人的负担，总是无法开口寻求帮助。而且坚守这些原则不仅会让她对自己非常苛刻，对别人也会苛求。

## 父母与孩子之间的良性关系

父母想要和孩子建立良性关系的话，就一定要有无私的爱。父母付出，孩子接受。只有这种无条件的爱，才不会让孩子觉得一定要给予回报，也不需要为父母承担任何责任。这样，孩子就会明白应该为了自己想要付出的而付出。只要不会感觉对父母有某种责任感，孩子才会通过良性的方式让父母开心。

成长过程中，如果孩子能成功取悦父母，长大后，他们就不会变成阿谀奉承的人。他们会有强烈的自我认知，在帮助他人方面也能抱着正常的心态。

当然，这并不是说父母一定要在孩子面前时刻保持开心，或装作自己的需求都获得了满足。只要他们不把这些需求加在孩子身上，而是自己照顾好自己作为成年人的需求，孩子也就不会有压力了。

这种认知非常重要，任何一个单身父母都必须正确调整需求的先后顺序。他们要做的不是把孩子的需求放在首位，而是要先满足自己的需求，再去照顾孩子的需求。当然，这并不是说要忽略孩子的需求，只是单身父母要认识到先照顾好自己需求的重要性和意义。

### 单身父母的约会

单身父母要去约会时，都会有一种愧疚感。觉得自己应该多花点时间来陪孩子，认为孩子一定想要自己多陪陪他们，这样离开他们，出去约会，就会变成一种愧疚。但单身父母不知道的是，即便他们没有离婚，孩子还是一样想要更多的。

想要更多是孩子的事，但立规矩就是父母的事。所谓立规矩，就是父母必须确保自己没有一味为了满足孩子而牺牲自己的需求。

父母要是没对孩子立规矩，孩子就会变得骄纵任性。

只有父母立了规矩，孩子才不会骄纵。为孩子不断付出，甚至牺牲自己的需求，是一种爱的表现，其实这并不是真的在帮孩子。父母有时会为孩子做出爱的牺牲，但是一定要做好权衡，把牺牲掉的时间补回来。如果父母压抑了自身的需求，孩子就失去了一个很好的榜样，可能永远都不知道该如何对自己的生活立规矩。

继续满足自己作为成年人的需求，可谓单身父母必须跨越的一座大山。只要深入了解孩子真正的需求，他们就能为自己和孩子做出正确的决定。

# ♥ 20. 孩子会嫉妒的

单身父母通常还会考虑到如果自己再谈对象的话，孩子必定会勃然大怒，妒火中烧，为此他们会把感情的事情先暂置一边。的确，孩子会有嫉妒心理，但这并不能作为逃避感情的一个借口。其实，这恰恰又一次说明了单身父母应该再谈对象。

单身父母再谈感情，不仅能帮助孩子和自己面对已经失去的，还不会让他们承受父母的责任。实际上，与其处处维护孩子，不让他们感到难过、气愤，单身父母更应该要做的是帮助他们面对并克服心中的嫉妒。

> 实际上，与其处处维护孩子，不让他们感到难过、气愤，单身父母更应该要做的是帮助他们面对并克服心中的嫉妒。

在单身父母开始和别人认真交往，再到订婚，然后再婚的整个过程中，他们经常会为了保护孩子的嫉妒心理而尽量不在孩子面前表现出对新伴侣的爱慕之情。这个主意似乎听起来不错，但却不尽然。

其实，谈起新伴侣时，他们应该以一种特别的、从容的态度去讲。

> 不要在孩子面前淡化对新伴侣的爱，而是应该从容地把它表现出来。

孩子们需要找一些理由来喜欢这个突然闯进自己生活中的陌生人，因为这个人不是他们自己选的。孩子们往往都非常希望自己能独享父母的爱。不过如果他们在很多方面都听到、看到并感受到这个陌生人可以让自己的爸爸或妈妈开心，那么他们也会开始去接受这个人。

> 每个孩子都会渐渐喜欢上能为爸爸／妈妈带来幸福的人。

如果孩子目前还没有接受继父或继母，最好的办法就是多抽出一些时间来单独陪伴他们。就像新婚夫妇需要很多时间独处一样，孩子也希望爸爸／妈妈能专门空出一些时间来陪陪自己。

父母，不管离婚与否，都喜欢把孩子作为生活中心。要想抵消这种倾向性，父母就必须特别优先照顾好自己的需求。

**孩子闷闷不乐**

孩子通常会出于嫉妒心理，而对这个进入他世界的陌生人生闷气。这时，聪明的父母不仅会非常耐心，并感同身受地倾听孩子的心里话，理解他的痛苦，而且也知道把这些情绪发泄出来对孩子来说是必要的心理调节，发泄了，也就放下了。有些孩子的情感天生会比其他人更加细腻，也更善于表达心中的感受。

当孩子不喜欢这个陌生人时，做父母的一定要记住：这种不喜欢不是针对个人的。他们只是还在气愤父母离婚的事实，并且迁怒到了新来的这个人身上。除非他们心里的伤痛、愤怒和恐惧获得了疗愈，否则无论带谁回来他们都不会喜欢。这时，单身父母要做的不是试图说服孩子接受自己的新伴侣，而应该帮助孩子好好地去感受内心的消极情绪，并把它们都表达出来。

> 单身父母要做的不是试图说服孩子接受自己的新伴侣，而应该帮助孩子好好地去感受他的消极情绪，并把它们都表达出来。

如果单身父母难以确认孩子的痛苦因何而来，那么请记住：这不是孩子的错。这个人不是孩子选的，他们没有必要一定得喜欢他 / 她，甚至爱他 / 她。想象一下，某天一个陌生人突然来到家里，在孩子眼里他 / 她就是入侵者，给自己和父母关系带来威胁。

在我给孩子们举办的课程里，我不止一次亲眼看到，对于孩子来说，爸爸妈妈相亲相爱是最重要的。要他们画一幅最能让自己开心的画时，他们画的画几乎都是爸爸妈妈幸福地站在一起。一个快乐美满的家庭才能给孩子最大的幸福和安全感。

突然间其他人闯入了这个画面，他们被强制性地告知爸爸妈妈再也不会在一起了，于是他们不得不去面对失去的痛苦。孩子心里其实非常希望自己的爸爸妈妈能重归于好，直到另一个人出现在家里。

**意料之中的嫉妒**

单身父母打算再次坠入爱河的时候，其实就预感到孩子会不满，如果他们没有什么异常反应的话，我们就会感到喜出望外。单身父母已经准备好接受新的感情了，孩子可能还是会有一些心结，所以做父母的应该要料想到孩子会嫉妒。只要失去的痛苦还未痊愈，孩子就一定会嫉妒新来的家庭成员。

为了帮助化解孩子的这种嫉妒，我们一定要引导他们面对这种嫉妒背后的伤痛，并且把它们放下。那些未曾解决的悲伤、愤怒和恐惧都会一一浮现。就像我们需要疗愈痛苦一样，他们也必须面对自己的情感。如果我们成功疗愈自己的创伤，也会对他们起到极大的鼓舞作用。

一个孩子的情绪表达通常反映出所有孩子的感受，对其中某个孩子的态度也会直接影响到其他孩子。所以父母务必要非常谨慎，切勿杀鸡儆猴，不要随便批评任何一个孩子。此外，如果有一个孩子不嫉妒，他可能会有效地缓解其他孩子的嫉妒情绪。单身父母一定要支持并尊重每个孩子的感受。

> 一个孩子的情绪表达通常反映出所有孩子的感受。

如果不能耐心地处理孩子的情绪，通常就表明我们自己还有些心结未解开。因为自己仍然在抵制某些情绪，也就会抵触孩子的情绪。从某种程度上来说，就算我们极力压制了分手的痛苦，孩子也会感受到这些情绪，并且将其表现出来。当然他们也有自己的苦恼，我们所压抑的也会加到他们原有的情绪之上。

> 我们一直压抑的情绪都会从孩子身上看到。

这不是说单身父母就应该向孩子倾吐自己的感受，显然这是非常不合适的。孩子不应该是父母痛苦的共鸣器。如果这么做，他们就会对父母的需求感受到沉重的责任。结果，孩子会因为这些责任而被迫心智早熟，一夜长大，而不能享受到无忧无虑的童年。

只要单身父母能够处理好自己的情绪，那么这些痛苦就不会伤害到孩子。只要孩子不觉得自己对父母的情感问题负有责任，即便父母因离异而心力交瘁，也不会伤害到他们的情感。让孩子看到父母伤心沮丧的一面是没有关系的，但也一定要持之有度。单身父母要切记：孩子是非常敏感的，而且会随时感觉自己对爸妈的情感问题是有责任的。

实际上，单身父母疗愈自己，满足自身需求的程度就决定了孩子会不会承担对父母的责任。只要单身父母能够对自己负责，主动寻求家人、朋友、社团或治疗师的帮助，孩子也就能从原本应由父母承担的压力中解脱出来。

## ♥ 21. 发泄情绪却未沟通

失去至爱后，女人可能还会把自己的感受表现出来，以此把爱情拒之门外。她们往往不会专门抽出时间来发现内心的五味杂陈，并且和别人去沟通自己的情绪，而是把它们发泄出来。这种行为一般都不会出于理智，而是一种冲动。

> **如果女人觉得无法放心地表达自己的情绪，她就会表现出来。**

如果在上一段恋情中，她觉得自己被忽视了，那么此刻她就会用自己的穿着打扮宣告："看吧，我就是没有魅力，没有人会喜欢上我。"这些消极情绪会让她自暴自弃，也不再关心自己的穿着打扮。

如果她以前一直十分关心饮食规律和体重，现在就会感觉难以坚持下去。因为她觉得已经没有人在乎她了，她也就失去了照顾自己的动力。

通常情况下，过度自责的女性身上都会出现这种自我漠视的倾向。这样的女性一般不会允许自己对痛失的至爱而生气。结果呢，她就会开始自我谴责。当没有其他人可以责备的时候，她们就会责备自己。除非能够改变这种倾向，否则被抑制的愤怒只会让她对自己更加无所谓。

> **当心中的愤怒无法表达出来时，自我谴责的情绪就会涌现。**

在无人可以责备的情况下，她就会陷入自我谴责的困境。如果一直这样自我漠视下去，这种误解就更深了。如果是她自己过度饮食甚至虐待自己的话，自然怪不得任何人。总之，发泄内心的情绪，不仅会让她觉得自己一无是处，还会导致生活质量直线下降。

要想打破这种模式，就必须把那股愤怒发泄出来。把当前的情绪与过去的情感联结起来，就可以有效地触及那些一直埋藏在心底的情绪。

### 无法自控

通常当女人不再照顾自己的时候，她就会表现出很无力的感觉，认为自己已经无力再去爱了，也无法去寻找梦寐以求的爱情和关怀。如果她不能向别人分享自己的感受，就会在行动上宣告："我已经无法控制自己了，真的无能为力了，帮帮我。"

> **无法放下伤痛的我们会无意识地在言行中透露无奈。**

实际上，解决这个问题最好的办法就是让自己去回想孩提时代得不到需要的爱和关怀时的那种无力感。多花点时间来做做这种回想，不仅可以帮助她扭转生活失控的局面，也会疗愈相应的无力感。

### 放下愤恨

导致女人不再关爱自己的另一个原因，就是她未曾放下怨恨，而且她要用行动把这股怨恨表现出来。试想多年来，她一直全心全意地关爱着另一个人，却没有获得自己想要的回报，此刻的她已一无所有，无法再付出什么了。为了获得想要的爱，她已经竭尽全力，付出了所有，但最终还是失败了。所以现在的她不仅愤愤不平，而且心力交瘁。

于是，她不再追求爱情，也放弃了一切与爱有关的行为和努力。抱着反抗的心态，她不再照顾打扮自己，这样就会变成丑小鸭，没有人会喜欢上这样的自己。她也不会接受别人的帮助。这种反抗其实就等于宣告她不再相信爱情了，也绝对不会让自己再次被欺骗。已决定不再需要爱情的她，当然也不会再为此付出任何努力，这就是她宣泄的方式。

> 这种反抗其实就等于宣告她不再相信爱情了，也绝对不会让自己再次被欺骗。

除非能够感受并放下隐藏在愤恨背后的伤痛，否则这个问题只会愈演愈烈。走出去寻求帮助与支持，就等于承认她想要再次获得爱情。哪怕只是往这方面想一下，都会勾起她心底的伤痛、拒绝、背叛和痛苦。只要不让自己去想谈恋爱的问题，就不用去面对这些痛苦了。

### 报复对谁都没有好处

当女人感到愤恨无奈，但又无法和别人沟通情绪时，她可能就会采取报复的方式去发泄。但报复对谁都没有好处。事实上，如果伺机报复的话，她会做出很多影响未来的不幸抉择，却还错以为自己会在报复中获得满足。

男人在报复的时候，会想方设法地把自己的痛苦强加到对方身上，一定要让伤害过自己的人付出代价。"既然你伤了我，我也要让你尝尝这种痛苦。"女人也会有这种想法，但更常见的是想让对方对自己的所作所为感到无地自容。与男人的报复方式不同，女人也的确想让对方痛苦，但真正的目的是要让男人为伤害她的行为负责。

**女人报复的方式是让对方为伤害她的行为感到无地自容。**

男人若想要报复，就一定会从言行上故意做一些让前任不快的事情，无论如何都要伤到她。而女人这么做的时候，其实就想告诉所有人，他是个渣男。"我要让全世界的人都知道他的所作所为"就是她的内心写照。简单来说，她就是想让这个男人以及其他所有人都知道自己的感受——他就是个渣男。

但她真正的需求只是希望有人能倾听她的感受。她需要有人来倾听并认可她的痛苦，更需要疗愈内心的伤痛。想把他的所作所为告诉全世界，也只是她间接向外吐露自己感受的一种方式而已。因为她觉得："如果你知道他的行为，就一定能体会我的感受！"这种间接方式确实可以暂时缓解痛苦，但不是长久之计。要想治根，就必须先去感受这个伤痛，然后把它转变成语言，分享出去，这样就会有人听到了。

**报复的背后其实是希望有人能倾听自己的痛苦。**

伺机报复只会让问题越变越糟。就算男人终于找到机会伤害某个人，之后他可能会面临牢狱之灾，最终伤害的也只会是自己，因为这一刻他放弃了自己最崇高的灵魂。对于男人来说，照顾别人，保护别人才是最能发挥其自身价值、最有成就感的事情。一旦动机变成了伤害别人，他也就与更崇高的意义脱轨了。

同理，当女人想尽办法要让前任对她的所作所为而忏悔，她其实也不会珍惜眼前所拥有的一切，更不会继续向前看，去寻找属于自己的幸福。在她把所有的心思都放在要让对方愧疚的时候，她就不得不再次承认是这个男人毁了自己的一生。为了博得别人的同情，她也必须一直扮演着受害者的角色。

> **为了让对方愧疚，女人会一直扮演受害者的角色。**

当女人遭遇丈夫出轨，抛弃自己的时候，她就会一直处于孤苦伶仃、穷困潦倒、郁郁寡欢的状态，来博得别人的同情。除非她能邂逅白马王子，并与他共结连理，这样也就没什么可抱怨的了；又或者她能够走出伤痛，重新快乐起来，那么结束这段婚姻其实是件好事，否则，她可能会为了证实自己的可怜之处，而赔上整个后半生，放弃所有幸福的机会。

> **除非她能邂逅白马王子，并与他共结连理，这样也就没什么可抱怨的了。**

女人为了报复而放弃幸福的机会时，还会搭上重寻真爱的能力。只要还想通过自己的痛苦而让前任感到愧疚，她就无法放下心中的怨恨，原谅对方。由于深陷痛苦，她甚至无法相信自己可以再获真爱。她觉得这么做是在惩罚前任，实际上只是在惩罚自己而已。

## ♥ 22. 懂得独乐乐

　　女人从小就被教育要懂得隐藏自己不愉快的情绪。受周围环境影响，她们要学会让自己变得乖巧，讨人欢心，同时又不会去要求别人做什么，这样的教育却又和她在失去至爱时的感受相矛盾。一方面，以往所受的教育告诉她："如果想要获得爱情，就先让自己快乐起来。"但另一方面，她真正想要的是希望能向别人倾诉心中的伤痛。失去至爱后，她就会把心底最渴望爱情的部分隐藏起来，最后只能通过抑制情绪来佯装可爱。也因此，无论有多少人爱她，她都感受不到被爱的幸福，这是多么不幸啊！

　　为了获得爱情，她不得不把种种消极情绪压抑下去，而且还要努力让自己保持快乐。实际上，她心里因失去至爱而产生的真实感受无论如何都是不会让她失去可爱的一面的。为了让别人喜欢自己，她极力让自己表现得更快乐。令人讽刺的是，一心追求爱的她最后会以孤独告终。为了努力让自己积极乐观地面对失去的痛苦，她一再压抑、抗拒心中受伤的情感，也因此妨碍了疗愈的进程，久而久之，也就把寻找爱情的机会永远地拒之门外。

　　她一方面想表现得积极乐观一些，另一方面却又只想趴在别人的肩膀上大哭一场，这和她一直以来所受的教育背道而驰。

女人在最需要爱情滋润的时候，可能反而无法表达出心中有多么希望有人能听自己倾诉，而这种聆听会让她有被爱的感觉。

她知道，如果想要获得爱情，就必须表现出深情、包容、仰慕、友好、热情、有责任心、乐意付出、乐于助人以及快乐。如果一时找不到好的话题，就干脆什么都不要说。在这样的情感熏陶和设定下，女人很难忠于自己的真实感受。经过多年的情感伪装学习，她变得越来越令人满意，对自我掩饰也更加熟稔，有时甚至连自己都骗过去了。

经过多年的情感伪装学习，女人甚至连自己都能骗过去。

她一直都跟别人说她过得很好，而且自己也这么认为。她非但不会花时间去感受失去的哀痛，反而自我安慰道："一切都挺好的。"为了避免触碰失去之痛，她就只看积极的一面，把生活不断美化，让自己觉得没有伴侣的生活比以前更轻松、更快乐。

### 没有爱人在身边，生活照样有滋有味

没有爱人在身边的女人努力让生活过得有滋有味时，务必也要疗愈心中的伤痛。女人要想断开自身对伴侣的需求是非常容易的，但是如果能够做到一边享受单身生活，一边能专门抽出时间处理好心中的消极情绪，那么她的心门一定会重新敞开，迎接新的爱情雨露。

正如前面所述，当单身生活也能过得怡然自得的时候，就是我们再入爱河的最佳时机。只有在过了迫不及待地想要找下一个对象，或把

所有的快乐都寄托在男人身上的这一阶段，找到真正的有缘人的可能性才最大。在自己体会到的满足感是否属实的问题上，女人尤其要小心对待，切勿为了逃避面对愤怒、悲伤、恐惧和遗憾等情绪而强行伪装。

> **当单身生活也能过得怡然自得的时候，就是我们再入爱河的最佳时机。**

女人已经习惯了压抑内在情绪时，她的下半生也就陷入了孤独终老的危机。由于受伤脆弱的情感一直被强压着，渐渐地，她柔弱的一面，即渴望爱情的部分，就被彻底抑制了。这时她阳刚的一面就会出现，这一面扮演生活中男性的角色，以满足她的自我需求。

倘若女人不断遏制那些心痛的情绪，最后它们就会消失。从表面上看她获得了永久性的释怀，但这不是真正意义上的疗愈。她或许永远都不用再感受痛苦了，却也付出了高昂的代价。哪怕是开心快乐的时候，也无法完全感受真正快乐的滋味。

> **抑制痛苦的同时，感知周围其他事物的能力也会受限。**

她会对现在的生活状态感到非常满意，并不觉得需要有个伴。虽然她会想如果有个人能一起去看电影，或偶尔一起度个假，也挺不错的，但差不多也就那样了。那个最渴望爱情的部分已经被彻底掩埋了。除非心中的创伤得到了疗愈，否则她就会继续保持这个样子，过着没有爱的生活，她甚至连自己都不知道到底缺失了什么。

就算她后来决定要再谈一场恋爱，恐怕想要吸引男性也不容易了。除非她能面对心中那个最渴望爱情的自己，否则很难得到异性青睐。

> **只要女人愿意解开心灵的枷锁，男人自会前来敲门。**

女人需要让自己有不开心的时候。如果很难做到，不妨每天给自己留出一点点时间，去感受内心不愉快的情绪。若不想让别人知道，也可以把所有消极情绪都付诸笔端，写在日记上。等到能越来越平静地看待内心的伤痛时，再加入互助团体或找一个治疗师，然后把消极情绪全部吐露出来，这是比较明智的做法。

## ♥ 23. 宁缺毋滥

　　有些女人想马上就得到想要的一切，也会致使她们把爱情拒之门外。这样的女人一般不会愿意花必要的时间从约会开始，慢慢了解一个人。她们只想把所有的东西立刻摊到台面上，不想玩任何猫捉老鼠的爱情游戏，也不会装腔作势，有什么就说什么，绝不拐弯抹角。如果男人不能驾驭她这种直白坦率的性格，那就糟糕了，她会很快对他失去兴趣。最好的办法就是接受她的为人性情，否则绝对没戏。

　　要是没有一个男性能驾驭自己，那她宁愿选择单身。或许这个态度会让她觉得自己很独立，但这并不是一种爱自己的行为。如果一直这样固执己见、自以为是，她就永远都无法获得爱情。这种简单实用的方法看起来似乎不错，但其实一点用都没有。

　　她的能量看起来很强，实则不然。女人真正的能量来自让自己得偿所愿的能力。虽然她也希望能表现得坚强而又不失可爱，但却不知道该怎么做。一方面和其他人一样渴望着爱情，另一方面却又受恐惧牵绊，不敢向爱情跨出一步。要想找到天长地久的爱恋，她就必须意识到这种宁缺毋滥的态度，无论对自己还是别人来说，都是一种极大的约束。

> 女人坚强的外表背后，通常都隐藏着一颗脆弱敏感的心。

　　不愿再次接纳男人只能说明一件事：她曾为之前的爱人付出过一切，但最后所有的努力都付诸东流了。她看起来缺乏责任感，但其实多年来她一直都是努力承担责任的那一方，只是因为以前做了彻底的让步，所以现在一步都不会妥协了。她觉得自己这么多年的时间都白白浪费了，一直以来都在想尽办法去取悦别人，付出了所有，结果却一无所获。她希望这次能找到一个明智的平衡，没想到却在相反的方向越走越远。

　　之所以想要马上和他人分享自己所有的感受，是因为她无法做到延迟满足感。必须现在就要，否则就兴味索然。这种情绪化需求其实和孩子非常像。孩子什么都想要，而她现在就想要。要想疗愈自己孩子气的一面，女人必须懂得在不放弃满足自身需求的前提下延迟满足感。

　　只要女人开始疗愈心灵上的伤痕，这种延迟满足感的能力就会得以发展。之所以急于把所有的感受摆到桌面上，是因为她想要把心中的痛苦都哭出来，好让所有人都能听到。开始新恋情并不会给疗愈伤痛营造有利环境，对此她必须小心谨慎，不能糊里糊涂地就进入下一段感情，妄想借助这段感情来填补伤口。在准备好再入爱河之前，她必须首先花时间做好心灵调整，或通过加入某个互助团体来处理过去和男人相处中遇到的所有问题，从而疗愈这些伤痛。

　　**开始新恋情并不会给上段感情破裂的痛苦营造有利的疗愈环境。**

　　女人想要马上和别人倾诉自己的感受，就好比男人想要立刻"进入主题"一样。想象一下，如果你听到一个男人说："我现在就想要你，如果你不愿意的话，那就分手吧。我想要的就必须得到。得不到的话，不如舍弃。"这是多么荒唐无知的想法啊。实际上，女人寻求即刻的情感亲密和男人想要马上发生肌肤之亲是一样的冲动和不成熟。只有意识到这一点，女人才会调整原先的想法。

她这种冲动行为其实也从侧面反映出她对爱情极端缺乏认知，不了解情感是如何发展的，也因此对约会的理解十分有限。我在另外一本书中提到了约会的五大阶段，如果能学习其中奥秘的话，一定会对女性大有裨益。只有对爱情的发展有了清楚的了解，她才能发挥潜能，找到属于自己的永久幸福。

## 爱情的发展轨道

感情是一步一步发展的。往土壤里种下一颗种子后，需要等待一段时间，它才会生根发芽，不可能马上就开花结果。同样地，人们也需要时间来增进对彼此的了解。急于求成，可能就会破坏原本发展良好的两性关系。

当女人急切地想要和对方建立亲密关系时，男人往往会产生想要逃跑的念头。他的回避激起了她的自卑，于是她就会把他推开。如果女人能从一开始就先和几个男人接触，不要马上确定恋爱关系或发生任何关系，那么她就能克服想要马上发展亲密关系的倾向了。尽管渴望亲密乃人之本能，而且也是她想要的，但她必须懂得抑制，这样才能慢慢培养出良好的两性关系。揠苗助长，试图用亲密关系去浇灌爱情，只会让爱情之花枯萎得更快。

> 在和不同男人接触的过程中，女人会开始抑制自己，不会马上发展亲密关系。

开始恋爱之前，女人一定要确保自己的生活是完整的。因为一个有很多需求的女性往往都会以爱人为生活中心，并且要求他满足自己所有的需求。对方一开始会觉得很荣幸，但渐渐地就会感到力不从心，精疲力竭。女人把自身所有的需求都寄托在一个男人身上，希望他能一一满足，是不切实际的。多一点耐心，懂得克制，这样女人才能缓解强烈的情感需求。

### 把生活重心放在男人身上

要想缓解强烈的情感需求，女人一定不能把生活重心放在男人身上。她可以小心翼翼地逐步推进恋情发展，先学会克制情感需求，同时也一定要让自己继续接受来自家人、亲戚和朋友的帮助和支持。为了恋爱而放弃所有，就大错特错。

家人、亲戚、朋友的关怀和支持其实和伴侣间的爱同样重要，甚至从某种程度上来讲它们更加重要。因为家人和亲戚朋友的支持可以为你的恋情提供基础。有了这个基础后，女人就不会对伴侣提出过多要求，自己也不会过度付出了。

> 亲戚、朋友的关怀与支持就好比丰富的家庭晚宴，伴侣的爱就是饭后甜点。

如果对爱情的发展轨道缺乏清晰、全方位的认识，女人很容易听从本能，然后面临失望的局面。当朋友建议她应该保持矜持，这样才会吸引异性的注意时，她不以为然，不想玩什么猫捉老鼠的游戏。她没有意识到的是，在这种情况下，矜持不是耍手段，而是一种智慧。

在熟悉约会的各个阶段之前，她容易鲁莽行事。因为她不想要矜持，就会继续往前冲。借着必须真诚待人的名义，冲动行事，对自己的任性不加以任何限制。想象一下，有人大吃特吃，过度消费。如果这个人一直放纵自己，不仅生活会一落千丈，银行积蓄也会被挥霍一空。

必须小心克制冲动，不要总是打着真诚待人的旗号来展开恋情，这样才能真正做到为爱重新出发。遵循约会的五个阶段并不表示要对爱人耍手段。感情发展到最后，也只有真心才能细水长流，只是务必要循序渐进地了解彼此，切不可操之过急。

### 爱情三十六计

恋爱手段并不可取，但如果加入了爱的智慧，效果就不言而喻了。女人坚决抵制"爱情三十六计"的时候，原因通常有二，要么是因为她曾经使用过这些计策，要么就是有人曾经对她使用过，她受到了伤害。如果此刻还处于伤心之中，那她还会受到过去的影响，并且坚决不会再去触碰爱情。

> 女人坚决抵制"爱情三十六计"的时候，容易出现以偏概全，因噎废食的行为。

当然，人们所使用的爱情计策一般是具有一定道理的。很多女人引诱男人的计策通常都是经过实践检验的。情之智慧可以带来两情相悦，而引诱却只能欺骗感情。当女人用欺骗的手段引诱男人时，往往在她得到他的那一刻也就失去他了。因为就在这个男人认识到她真实的一面时，他可能会发现自己并没有真正爱上她。

下面列举了一些没有效果的诱惑招数，并相对应地给出了会产生效果的提议。看起来差不多，但结果有着天壤之别。

表5　诱惑招数与提议

| 诱惑招数 | 提议 |
| --- | --- |
| 不要给他回电话，这样他就会更加想你。 | 不让生活围着男人转，给他回电话但不要让自己为他放弃一切。 |
| 把自己打扮得性感十足，在床上尽情地满足他。 | 自己穿得舒服得体就好，准备好之前不要发生关系。 |
| 掩饰真实的情绪，保持高冷，在任何场合都要矜持有度。 | 不要马上倾诉自己所有的感受，切勿操之过急，让爱情循序渐进地发展。 |
| 不要给男人打电话，也不要把对他的好感表现得太过明显。 | 可以给男人打电话，但不要指望他会和你聊很多，哪怕他很惊喜接到你的电话。不要问太多问题，可以多谈谈自己的想法和感受。 |
| 出去和别人约会，故意让他吃醋。 | 可以和多个人接触，但不要随便发生性关系，这样就不会对他的关注过于依赖。 |
| 不要让他轻而易举地就能见到你，有时候也可以说自己太忙了，故意推托一下。 | 一定不要让自己处于被动等他电话的状态，把关注点放到自己的生活上，这样就不会过度依赖他了。 |
| 通过穿着、言谈、微笑和调情引诱他。 | 时刻小心，不要让局面变成女追男的情况。按理说，应该是男人来约你，你只要负责引起他的兴趣就好了。女人要想引诱男人是很容易的，但这种情况下男人几乎不会做出任何承诺。 |

### 男人来自火星，女人来自金星

跟对方开诚布公，把所有的事情都摆到桌面上的做法听起来不错，但这种态度却没有考虑到别人的感受和需求。这种类型的女人往往很难容忍别人和自己的差异。她坚持认为自己的方式才是正确的，对方就应该按她的方式去思考、感受和行动。建议这样的女性可以看看《男人来自火星，女人来自金星》，从中了解男人和女人其实是不一样的。这种差异与生俱来，也本该如此。

下一章将带我们深入剖析男人在为爱重新出发的过程中面临的挑战。这些例子都是针对男性，但有些地方也适用于男女双方，有些女性或许会发现自己有相似的经历和行为模式。从男人的角度出发，去体会他们的想法，让女人可以对男人为爱重新出发的过程有了更新的了解。这不仅有助于她更好地理解自己的情感经历，也会帮助她更加明智地对待爱情，并使其往更好的方向发展。

# 第三部分

# 火星人，为爱
# 重新出发

火星人在为爱重新出发的过程中会遇到很多自身特有的问题，这就好比穿越一个危机四伏的雷区，有些人得以幸免于难，有些人却被炸成了碎片。"前事不忘，后事之师"则有助于做出更明智的抉择。只有在对这条道路有更深刻的了解后，你才会胸有成竹地迈开大步向前走，不再重蹈覆辙。

下面共有 23 个案例，每个案例中你或许都会看到自己的影子。每个人的情况各有不同，把自己的问题和别人的问题联系起来，一定会让你对为爱重新出发有更透彻的领悟，从而帮你找到正确的前进方向。在获得了自己需要的帮助和支持，并做出正确的决定后，你就会挖掘出自己最好的一面，还会感受到两情相悦的爱与美好。

## ♥ 1. 情感创伤修复中

　　面对为爱重新出发，男人与女人最大的不同就在于男人开始新恋情特别快，而女人需要很长时间。男人在受到情伤的时候，就会从以前的恋爱关系迅速转移到一段新的关系中，但他却不知道自己也因此失去了解开心结，疗愈伤痛的机会。虽然转身投入新的恋情确实能够缓解一定程度的痛苦，但不会起到任何疗愈作用。

　　倘若不知道该如何处理失去至爱的痛苦，男人就会草率地感受一下伤痛，然后马上开始处理自己的问题。男人一贯是问题解决高手，单坐在那里，感受内心涌现的情绪，绝对不是他的作风。男人在感觉到没钱的痛苦时，就会想办法出去赚钱。同理，他若感受到了失去至爱的痛苦，就会出去找一个女人来爱自己。

> **男人在选择立刻进入新恋情的同时，也错过了疗愈心灵的机会。**

　　身受情伤的男人一般都很难意识到，其实另一个女人的爱是无法疗愈他的伤口的。她的爱只能暂时缓解他的痛苦，还会引出他种种需要疗愈的痛苦情绪。所以他必须亲自去疗愈这些痛苦，而不是一再逃避。只有直面内心的四种疗愈性情绪，痛苦才会慢慢消散。当然，这也不意味着必须自己一个人承担所有的痛苦。这个时候，他应该向朋友和家人寻求帮助与支持。

对于男人来说，不再躁动地想要爱情的时候就是他可以再次坠入爱河的最佳时机。只要他还有一刻觉得自己"不得不"要找个恋爱对象来逃避痛苦，就证明他还没有准备好对下一段感情做出承诺。身负情伤的男人哪怕是做出了承诺，也很难遵守。于是，他就会怀疑为什么自己不能下定决心，又或许毅然断定这个伴侣并不适合自己。基本上，所有在他受到情伤的时候建立起来的爱情，都不会持久。

> 身负情伤的男人如果马上就开始一段新的恋情，基本上是难以兑现自己承诺的。

一个人在饥饿的时候基本上什么都吃。但当这种急迫的饥饿感得到了满足，他就会东挑西拣。处于情伤中的男人，就好比饥不择食的人，这时的他很容易爱上任何一个哪怕只给他一点点爱的人。一旦这种需求获得了满足，他的眼光就会变得挑剔。就好像从热恋的梦中醒来一样，突然之间就会对这段感情失去热情。男人处于情伤时本来就很难做出承诺，这个时候谈恋爱的话只会让这个问题更加严重。

> 受到情伤的男人很容易就会爱上任何一个哪怕只给他一点点爱的人。

每当感情走到尽头时，男人都会感到非常挫败。为了证明自己的男性魅力或能力，他就会寻觅性伴侣，给自己"加分"。不过，男人一定要非常谨慎，不要随意做出承诺。当一段感情结束时，他需要给自己一段时间，不对任何人做任何承诺。只有当他做到不需要依赖稳定的两性关系，也能自我感觉良好的时候，他才能在今后的生活中发挥自我优势，收获圆满的爱情。

### 在对的时间，谈对的恋爱

当男人渴望付出的程度远大于得到的需求时，就证明他可以开始全新的恋情了。收获多于付出的关系会削弱男人的能力，这只会让他要求更多，也只顾着自己的感受。恋爱的时候，他必须注意这样的现象。他必须相信自己是有能力给对方幸福的，而不是只有对方才有力量让自己快乐。如果男人在做出承诺之前，先和对方发生了关系，那么他一定要明确意识到一点：现在的自己还处于情伤之中，只是想从这段恋情中获得慰藉，还不能做出任何承诺。

> 收获多于付出的关系会削弱男人的能力。

在这段错误的恋爱关系中，相对男人而言，女人才是更大的受害者。这个受伤的男人突然有一天出现在自己的生命中，给了她极尽的欣赏、关怀和爱慕，后来却将这些全都收了回去，突然毫无预兆整个人都变了。她还是以前的她，但他对她的感觉不似从前了。没有了之前的那种"饥饿感"，他完全不再需要这个女人，也不再欣赏她了。的确，他变得坚强了，却也在刹那间失去了对她的情谊。这样的结果对女人来说，显然是种伤害，对男人也不会有任何好处。

明智的女人会谨慎处理与受过情伤的男人的相处模式，她只有在想好不对这段感情抱有长期发展的念头后，才可以和这样的男人发生关系。她一定清楚地知道这个男人可能随时不再打电话给自己了，她也要为此做好心理准备。如果她选择和他进行进一步肢体接触，也一定要清醒地意识到他对她的爱只是暂时的。如果没有这样的预见，那么有朝一日分手后，她就得处理心中产生的痛苦和背叛感，男人则不得不面对自己的愧疚。为了躲避这种内疚感，他会再次投入新的恋情当中，从而试图压抑这些消极情绪。除非他肯主动停下来，花时间去疗愈自己的伤痛，否则这种模式就会一直循环下去。他只有做到不再在情伤的时候做出任何承诺，才会有机会找到天长地久的爱恋。

### 识别对的人

徘徊于悲痛和愧疚之间会蒙蔽我们的双眼，让我们无法识别对的人。在心灵受到创伤的时候展开新的恋情，就无疑等于昭示会和错的人交往。在让女人伤心失望后，男人越觉得愧疚，或越压抑这种愧疚，他需要给自己的时间就会越长，直到能为自己找到对的人为止。

> 在心灵受到创伤的时候展开新的恋情，就无疑等于昭示会和错的人交往。

如果男人在心灵脆弱，极其渴望爱的时候，和女人恋爱了，他一旦重新感受到自己的男性力量和独立，就一定会另寻新欢。男性力量重新回归后，他就会想要一个可以为之付出的女人，而不是找一个"母亲"来照顾自己。

他想要的爱人是能发现并欣赏自己优点而不是缺点的女性。不管这个女人是否已经为他献身或者是否把自己一生中最美好的年华都给了他，只要他觉得她不是那个对的人就一定会离开。无论她付出了多少，都不会成为那个对的人。只有当男人和生命中那个对的女人相爱时，他们的爱情才会长久。多数情况下，情伤中的男人选择交往的对象都不会是那个对的女人，同样，他也不会是她对的人。

当然也有的时候，这个女人的确会是那个对的人，但这时男人一般都无法发现或察觉到这一点。谈恋爱时，如果心灵还承受着情伤，他就不能辨别出这个人到底是不是适合自己的伴侣。若这个女人是在他人生低谷的时候出现的，在他好转后，双方都会觉得是他亏欠了她。而这种负债感就会导致男人难以感受到自己对她的爱。

> 谈恋爱时，如果心灵还承受着情伤，他就不能辨别出这个人到底是不是适合自己的伴侣。

这种欠债的感觉会让男人在这段感情中极其不自在。如果他因亏欠对方而觉得自己应该和她在一起，这段感情往往是难以发展下去的。他对她的负债感就像是套在脚踝上的锁链，寻找一个新的伴侣就像顺利逃出监狱一样。轻装上阵总归是令人神清气爽，卸掉所有包袱后为爱重新出发自然是他无比向往的。

## ♥ 2. 情感创伤之时的性行为

　　男人在心灵疗愈过程中遇到的最大难题就是对性的渴求。男人很容易混淆自己对爱和对性的需求。他或许能感受到自己还没准备好投入新的感情中，但想要进入更亲密的肢体接触。这种随意的性行为可以暂时缓解痛苦，却不会起到疗愈的作用。每次云雨后，他需要花时间去疗愈心中浮现的感受。

　　性可以完美展现出热恋中的男女之爱。在男人心碎的时候，性就会成为他触碰和感知内心喜怒哀乐的有效途径。但他一定要非常注意的是，这个时候千万不要轻易做出承诺，否则只会让自己更加依赖女方的爱。要向对方阐明自己当下的状态——不能给出任何承诺。

　　在心灵受伤的时候，如果一直不停地追求性欲上的满足，就会变成一种"瘾"患。得到短暂的慰藉后，他必须马上借此处理心中的伤痛，否则就有可能会为了逃避疗愈的过程而选择纵身到更多的性爱当中。不加以注意的话，性抚慰就可能会变成逃避、麻木自我情绪的一种方式，而不再是帮助自己感受并化解伤痛的方法。

　　控制自己短时间内不再去寻求性抚慰，可以让男人更好地把握机会，进行心灵疗愈。要是觉得这个很难做到，就更加证明他需要这么做。避开那些会让自己过度兴奋的环境，可以帮助他更容易地做到这一点。

控制自己短时间内不再去寻求性抚慰，可以让男人更好地把握机会，进行心灵疗愈。

男人在用性爱来逃避情绪的时候，最好不要再看成人电影和色情杂志，也不要到处找女人，这些性抚慰只会加剧他对性的需求。控制性欲最好的方法就是冲冷水澡，做运动，多出去和朋友聚会。

**这是瘾，不是需求**

瘾，看起来很像真正的需求，实则不然。它实际上是一种替代性需求。当男人太过痛苦，根本无法感知自己到底需要什么的时候，他就会潜意识地建立一种新的需求，即替代性需求。男人在受到情伤时对性的极度渴望就属于一种替代性需求。其实他真正需要的是处理好心中的感受。适度性爱有助于他感受到这种需求，但过度性爱就会妨碍疗愈的进程。

相对于女人，男人更容易成瘾，因为他们往往不太擅长与人沟通自己的情绪。大多数男人都没有这样的朋友，而且也不知道该如何深入沟通，讨论自己的内在情绪。平日里，男人们谈论的话题都是关于运动、经济、政治和天气之类的，从而来排解生活的压力。当然如果没有这些伤心痛苦，他们的这些话题确实也足够应对日常压力了。

平日里，男人们谈论的话题都是关于运动、经济、政治和天气之类的，绝对不会触碰到伤心脆弱的情绪话题。

　　失去至爱后，男人如果不知道该如何处理，往往就会屈从心中的欲望，形成"瘾"患，从而导致本来希望与人沟通自己情绪的真实需求被另一种错误的需求所替代。当然以上结论也适用于女人。只是男人会更容易嗜性成瘾，女人则容易过度进食上瘾。只有深刻了解到这一点，并加以运用之前所提出的心灵疗愈法，我们才能控制住自己的欲望，摆脱上瘾的威胁。

## ♥ 3. 积极的嗜好

面对心灵疗愈的关键阶段，男人需要意识到他是可以主动创造机会向别人倾诉心里的感受的，否则只能自己煎熬着。于是为了躲避这种折磨，他常常会选择沉迷于某些嗜好以寻求解脱。其中，性就是男人最大的嗜好，还有酗酒等其他有害的嗜好。任何行为只要过了度，都会成为他抑制情绪的方法。

> 为了躲避痛苦，男人会沉迷嗜好，试图寻求解脱。

疗愈的过程中，男人往往会变成工作狂。经常加班也算是一种嗜好，不过它对心灵疗愈的阻碍很少，所以这是积极的嗜好。实际上，它还有助于男人早日疗愈心里的伤痛。要是他在专心工作的同时，也有心理咨询师或互助团体在一旁相助，效果一定会事半功倍。工作不仅可以让他从情感中解脱出来，重新恢复独立和自信，也不再过分依赖充满肉欲的恋爱关系。

在心灵疗愈的关键期，专心投入工作，对男人来说行之有效，但对女人的效果就不是那么一回事了。女人本来就容易用过度付出来逃避心中的百感交集，现在她若把全部的心思都放到工作上，或只关心照顾别人，就很可能会因为对别人过度负责而压抑自己的感受和需求。所以女人一定要注意，千万不能在工作中迷失了自己。

> **工作，对男人来说可以是一种积极嗜好，对女人而言却会阻碍她的心灵疗愈。**

男人把全部精力都放在工作上，确实有助于心灵疗愈。当他成功为别人做些什么的时候，他人的感激、接纳和信任，都会给他带来力量，也能让他更深入地明白自己的感受，化解消极情绪。在心灵疗愈的关键阶段，男人帮别人做的每一件事，或为自己做的每一次努力，都会加速疗愈的进程。

休闲娱乐也可以成为另一种积极嗜好。如果他能到户外，参加一些让自己身心愉悦的活动，就再好不过了。这个时候也是为自己做些特别事情的最佳时机。如果一直想买辆新车，现在就可以去 4S 店物色一辆；如果想要一套音响，现在就可以去音响专卖店看看。毫无疑问，无论是娱乐消遣，还是挥霍钱财，都有可能会成为一种嗜好，但只要把握好尺度，它们就会是积极的爱好。如果男人还有钱花，那就去花吧。只要不忘满足孩子的需求，同时又把工作做好，那就给自己放个假吧，出去放松放松。那些结了婚不能做的事情，现在都可以大胆去做了。

## ♥ 4. 工作、金钱和爱情

如果男人过度埋头苦干，疯狂地加班，他还是有可能会忽视心中因失去至爱而产生的种种感受。从某种程度来说，他极力按捺自己的悲伤和无力感时，可能就会在工作中钻牛角尖，勉强自己承担超额的工作量。在目标无法达成时，他又觉得无能为力，倍感挫败。

如果他之前的爱人总是提出很多得寸进尺的要求，而他也没有处理好自己的愤怒情绪，他可能就会开始过度要求自己。实际上，强行压制愤怒，反而会让自己变得和那个挑剔苛求的前任一样，然后把所有的时间和精力都耗费到不切实际的目标中。

男人应该谨慎地给自己设定切实可行的工作目标。那些不切实际的标准，就像给自己制造了一颗重磅压力弹。疯狂的超负荷工作不但减少了疗愈伤痛的机会，还加剧了他对工作的偏执。

> 男人给自己设定那些不切实际的标准，就像一颗重磅压力弹。

我曾经帮助过一个事业有成的商人疗愈痛苦。刚经历过惨痛分手的他，发誓一定要赚到 1000 万美金，否则绝不再谈恋爱。其实这样的压力并无好处。从理论上来说，如果男人成功地从分手的悲痛中走出来了，那他就不会对当前所拥有的一切感到不满，觉得自己一定要去争取获得更多。

其实，他也无须为了爱情而去争取更多的东西。真正适合他的女人不会因为他有钱才爱他，而是因为他们情投意合。

> 当把经济目标设为爱情的先决条件时，男人就会把身外之物看得特别重。

在经历过失败、无助的恋情之后，男人可能就会得出：以后的生活里，没有伴侣，自己会做得更好。如果男人在进入下一段恋情之前，就已经能够照顾好自身的需求，这自然是最理想的状态，却没有必要非得等到这一刻才去寻找新的恋情。

平衡了爱情和工作的天秤后，男人获得成功并保持成功的概率就会显著增强。和睦美满的两性关系是他达成目标的坚强后盾。

从我个人经历来说，我曾一度认为只有当我的事业达到巅峰，功成名就之后，才配拥有爱情。但事情并不是按照"我满脑子里想着我要更加成功，否则就不会有人爱我"这样发展的。我只是打心里对成功感到了一股巨大的压力，从来都没有对自己取得的成绩满意过。无论做了多少，都觉得远远不够。

> "只有更加成功，才能获得爱情"的观点是错误的，男人却往往会在这种观点的刺激下，渴望成功，承受巨大的压力。

其实加剧这种压力真正的起因，是我在潜意识里觉得一定要争取更多才能获得爱情。一旦有这种想法之后，不仅成功的概率降低了，而且也变得难以满足。我与现在的妻子邦妮结婚之后，一切才有所改变。

和她在一起的几年里，我体验到了爱情的疗愈之力。在她一如既往的爱中，我感受到了即便我没有付出更多，也没有拥有更多，她还是会一直爱着我。事实上，她最喜欢的就是我们一起度过的那些美好时光。这彻底改变了我之前对工作的想法。

在为爱重新出发的旅途中，与其工作更卖力，时间更长，倒不如尝试减少一些工作量，多给自己一些时间和朋友在一起，也可以出去放松身心。这样你不仅可以得到更多的支持，促进心灵疗愈，而且也会吸引到更多的成功机遇。

我在学会平衡自己的情感需求和工作需求之后，事业便开始一路攀升。虽然每天都会有促使我继续工作的理由，但只要一想起自己成功的根基，我就会加以克制。收获成功就好比栽培一棵大树，只要悉心浇灌，让根得到充足的水分，它就会开花结果。

男人若能努力让心门保持敞开状态，那么他离事业成功就更进一步了。当他身边围绕着家人朋友的爱与信任时，这个世界也会对他投以信任。平衡和睦的生活就像一块吸铁石，会吸引到更多更好的成功机遇。

# ♥ 5. 仅有爱是远远不够的

男人和女人都会错误地以为只要彼此相爱，就能携手一生。但有时候就算两个人情投意合，却并不适合。虽然他们都深爱着对方，只是还不足以走进婚姻的殿堂，或维持这段婚姻。在现代社会中，大家普遍认为：如果你爱对方，就应该和他／她结婚，从此白头偕老。如果你爱上了一个人，那他／她就一定是最适合你的那个人。爱是让有情人长相厮守的前提，这点毋庸置疑，但只有爱，是不能保证那个人就是最适合你的。

选择人生伴侣就好比挑选工作。有很多工作都可以做，但在寻找的时候一定要遵从内心，才能找到真正适合自己的。喜欢做的事情可以有很多，但最后一定要专注在某一个领域上。同样地，可以爱的人有成千上万，但只有一小部分人才有可能成为你最终的人生伴侣。在这一小部分人中，你必须用心去观察，最后才会发现那个最适合自己的人。

不过当你试图让彼此适应对方的时候，问题就产生了。要么你为达到对方的要求而改变自己，要么就是你要求对方做出改变。事实上，一个幸福美满的婚姻需要的是双方都能做自己，展现最真实的样子，而不是为了对方把自己变得不像自己。其中一方为了另一方开心而不得不放弃真实的自我，其实这对他们的感情不会有任何作用。

> 无论有多爱一个人，都不能强行把一个方形的按钮装在圆形的洞里。

努力和对方在一起的过程中，你们之间的感情可能会每况愈下，直到两个人再也无法相爱的那一天，你们也不再喜欢改变后的自己。和一个人相爱，有一部分原因就是你喜欢和他／她在一起时的自己。每一段感情都会映射出一部分自我，而适合的那个人会让你看到最好的自己。如果这个人并非合适之人，他／她就会唤起你最坏的一面，结果你非但不会变得更温柔体贴，善解人意，宽容大度，活力四射，反而会停滞不前，无法再提升自己。

如果相爱的两个人能够以一种宽容的心态结束恋情，明白他们只是彼此不合适，只要他们不再试图维持这种亲密的两性关系，分手后仍然可以成为很好的朋友。

强扭的瓜不甜，爱情是不能勉强的。如果意识不到这点，其中一方或双方可能都会沦陷到痛苦的爱恋中。等到两个人走到缘分的尽头时，那种无力拯救爱情的愧疚感就会弥漫在他们心头。于是，为了避免这种愧疚，其中一方可能会竭尽全力地想要维持这段关系，直到连自己也不得不承认该放手。只有当情况变得越来越糟糕的时候，人们才会面对该分手的事实。不幸的是，两个人耗得越久，彼此就越失望，也就越容易相互伤害。而且随着愧疚感不断积蓄，需要疗愈的时间也会更久。

> 为了避免这种愧疚，其中一方可能会竭尽全力地想要维持住这段关系，直到连自己也不得不承认该放手。

　　两个人可以很相爱，却不能永远在一起的现象是存在的。只要意识到这一点，我们就能做好放手的准备，不带任何愧疚，只有宽容和理解。有了这样的领悟后，我们就可以说："我爱你，只是我们彼此不合适。"相信自己已经尽了全部的努力，尝试了所有的可能，只是彼此不合适而已。同时，也相信对方已经尽了最大的努力。只要继续这样敞开心扉，下一次选中真命天子的概率一定会大大增加。

　　在为爱重新出发的旅途中，如果内心一直萦绕着愁苦、内疚和失落，甚至觉得自己是个失败者，要想找到那个对的人就难上加难。相反，如果意识到两个人确实不合适，与对方和平分手，我们就会在冥冥中受到正确的指引，找到真正适合自己的灵魂伴侣。内心感到愧疚，就说明心灵还需要做更多的疗愈，才能继续前行。

## ♥ 6. 前车之鉴

男人经常会以责备前任的方式，来压抑心中失去至爱的痛苦。简单承认她和自己并不合适后，就会把所有的烦恼都搁置一边，不予理会，甚至强行克制，然后对自己说："分手对两个人都好。"其实，这种合理化的理由会让他忽视所有因失去至爱而产生的感受。

这么做，他不仅会心门紧锁，还不会认识到自身在这段感情问题中的责任。感情出现问题从来都不是一个人的错，这些问题绝不是简单一句"我爱错了人"就能够概括的。

> 前车之鉴，后事之师。吸取过往恋情中的经验和教训，为今后寻找适合自己的那个人指引方向。

两个不合适的人走到一起，若努力想要维持这段关系，结果只会看到对方最糟糕的一面。当然，与适合自己的人在一起，也并不表示所有的问题都会神奇地消失。

不管在一起的两个人合不合适，他们之间都会出现各种各样的烦恼。若不想再重蹈覆辙，犯之前所犯过的错误，就必须在分手之后承担起自己的那部分责任，反省自身问题。只有认识到自己在上一段关系中做得不好的地方，你才能确保在将来的关系中变得更加温柔体贴。

只有吸取前车之鉴，才能创造心中想要的未来。把所有的问题都归咎到前任身上，只会错失自我学习和成长的重要契机。结果，你今后可能会犯同样的错误，交往的对象也会在冥冥中和前任惊人地相似。

> **只有吸取前车之鉴，才能创造心中想要的未来。**

对于男人来说，要想忘掉一件事很容易，但要宽容，就比较难了。在新的恋情中发现同样的苦恼时，他不但不会冷静下来好好处理，反而会变得更加焦躁。如果男人能够在下一段关系开始之前，除了发现伴侣的错误和忧虑之外，还能反省自己在这段感情中的问题，这绝对会让他受益匪浅。自省后，他就会原谅之前的种种不愉快，并非仅仅选择忘记。

## ♥ 7. 没必要停止爱

即便男人意识到前任并不适合自己，并不意味着他必须停止爱她。通常情况下，男人认为只有停止对她的爱，才能真正宣告这段关系结束，殊不知他可以这样对她说："我爱你，只是我觉得我们并不适合做人生伴侣，更适合做朋友。"毫无疑问，他或许改变了爱的性质，但没必要为了结束这段关系而关闭自己的心门。

当一段感情落下帷幕，我们应该给自己一段时间，去慢慢回忆恋爱之初的甜蜜和幸福，这对疗愈受伤的心灵至关重要。

## ♥ 8. 单相思

男人往往喜欢挑战。如果他想要某样东西但得不到，他就会更加想要得到。在他们看来，有挑战，才有激情。正所谓："窈窕淑女，寤寐求之。求之不得，寤寐思服。悠哉悠哉，辗转反侧。"越是求而不得，越会燃起心中的熊熊之火。

爱情走到尽头后，有时男方会为了心爱之人而黯然神伤，形容憔悴，无法相信她竟然不要他了。这么做的结果只会让他更想和这个女人在一起，还会更加难以忍受分手带来的痛苦。这种单相思有助于男人感受内心的悲痛，但还有很多其他的感受也需要他去发现。

男人陷入单相思之苦，或总是找不到适合自己的灵魂伴侣，这显然表明了他还停留在过去的情感痛苦中。其实，在更早的时候，他就开始无法接受别人的拒绝，更不愿面对失去至爱的悲痛了。

> 这种失恋后悲天悯人的痛苦，表明他心中还留存着过往的伤痛。

要想让自己从狂热的相思之苦中解脱出来，男人需要把当下和过去的痛苦联结起来，搜索第一次约会的情形，再回想更早的时候，想一想当初自己被母亲拒绝或抛弃的情景。

　　男人无法放下，通常都与他因母爱而起的一个心结有关。如果他小时候在心灵还未准备好放下时，就过快地放开了自己对母亲的需求，那么他内心的某个角落其实还一直牵挂着。或许是在他年幼时，母亲不幸去世了，也或许是他曾经和母亲非常亲密无间，直到另一个小孩的诞生。把当下与过去的痛苦相联结，他就会逐渐摆脱这些苦恼的桎梏。

　　所以，男人会出现"天底下没有一个女人配得上我，我永远都不会幸福"之类的想法真是太正常不过了。正是这些想法，才加剧了他单相思的痛苦和狂热。如果能够展望未来，相信自己一定会找到更美好的爱情，就不会这么焦躁不安。

　　也正是因为无法预见未来，所以我们往往会沉溺在痛苦之中。如果能够回想过去某一刻对爱求而不得的情形，好好处理当时的种种感受，在对比当下的优势后，我们就会相信自己一定会邂逅更美好的爱情。确信这点后，从现在的角度去聆听过去的感受，就可以更加深入全面地了解当时的痛苦，促进完成心灵疗愈。

## ♥ 9. 学会放下，懂得从容

有些时候，男人无法开始新的生活，是因为他还放不下。他知道对方已经离开了，还是坚持认为是她错了。这种一厢情愿的想法和责备让他无法重新振作起来，开始新的生活。理论上来说，一段感情的终结应该是由两个人共同决定的。这样的话，就不会有任何一方觉得自己是个受害者。

有时候，他必须发自内心地确信彼此真的不合适。如果不是那样，他们或许还可以继续在一起。当从更积极的角度去看时，他就会更加宽容已经发生的事，还会敞开心扉，为自己创造全新的精彩人生。

然而，如果男人认为即便她抛弃了自己，还是希望她能回到自己的身边，这时他就容易陷入埋怨和谴责之中。如果有孩子，还会犯更严重的错误，他会对孩子说："你们的母亲很自私，从来不为任何人着想。"这些情绪其实都应该留给他自己以及治疗师。

父母一定要非常注意，千万不要在孩子面前严厉指责或批评他们的父（母）亲。孩子很难处理这样的局面，尤其是夹在父母中间，被迫选择其中一方，和另一方对立的时候，各种各样的问题就会随之产生。

倘若一个男人还深爱着对方，觉得她不应该离开自己，那么这时就要看他如何定义真爱。他要是真的爱这个女人，就应该支持她认为对的选择。但如果他把她当成自己的小孩或私有财产，那就大错特错了，这根本就不是爱。想要让她回到身边，最好的办法就是放下。

### 接受拒绝

认为"她适合我，但我不适合她"是没有道理的。如果对方不想和我们在一起，显然她并不适合我们。要是不愿相信这一点，你就会一直处在受害者状态，对心中的伤痕紧抓不放。

> 我们必须意识到，这个女人已经非常接近那个适合自己的人，但她到底不是，这样我们才能放下心中的偏执，获得释怀。

把不想和自己在一起的女人过于理想化，不会带来任何好处。从这个角度出发，我们可以看到下面的想法其实都存在逻辑上的矛盾。

"要是当初我没有犯那个错误，我们是多么完美的一对啊。"
"要是她现在跟我在一起，我们就是一对金童玉女了。"
"要是她没有先遇到那个人，我们本来应该在一起的。"
"要是能更早点遇到她，我们就能成为彼此的完美情人了。"
"要是她还没有结婚，我们就会是天生一对了。"

如果她真是你的完美之选，那她就会原谅你犯下的错，就会选择和你在一起，而你也会在对的时间遇到她，她就不会爱上另一个人，更不会和别人结婚，而是会一直等着你了……若还是坚持"谁谁是自己的完美之选"这样的想法，你真的应该准确定义一下"完美"这个词了。

> 由于迷恋，我们会错以为，即便这个人不爱自己，不接受自己，也不想和自己在一起，也有可能会是适合自己的那个人。

对男人来说，如果一个女人不想和你在一起，要想放下对她的眷恋，你就必须意识到她真的不想和你在一起。纵然承认这一点非常痛苦，但有助于你去面对，并承受她还不够爱你，所以不愿继续在一起的事实。承认这个事实非常重要，但如果偏执地追究她不想和自己在一起的具体理由，就毫无益处了。

非要给出一个理由的话，她可能会说你不够有钱，不够聪明，不够成熟，太过复杂，太过自私，太过被动，太过功利，等等，但这些其实都是表面情况，真正的原因是她觉得这个男人不是自己要找的人。如果他就是适合自己的人，上面的这些问题都不重要。然而，你要是一直偏执于这些理由，就会不禁去想"但我可以改……"，于是便会走向错误的方向。

### 完整的疗愈过程

夫妻离婚后，如果能一起接受心理咨询，这个完整的疗愈过程就会产生巨大的作用。为了帮助男方放下情感依恋，咨询师会让女方一遍又一遍地对男方说一些话，从而让男方不得不直面失去至爱的痛苦。以下便是女方要对男方说的话：

"我不想和你在一起。"

*"我没有像之前以为的那样爱你了。"*

*"我永远都会爱着你，只是不能和你在一起了。"*

*"你并不适合我。"*

*"我知道你不是适合我的人。"*

*"我想和别人在一起。"*

听到女方一遍又一遍地说着这些话，男方就会清楚地感受到他们是真的分手了，于是便想要放下。做完这个练习后，咨询师应该让女方暂时离开房间，再帮助男方感知到内心的四种疗愈性情绪。

当然，完整的练习也需要男方对女方说这些话。即便他目前还没有完全感受到那些情绪，也要这样去说。在说这些话的时候，他可能就会体会到内心真实的想法，从而让自己从虚幻的悲痛枷锁中解脱出来。

不过，要是女方没有一起来咨询，男方也可以和咨询师一起通过角色扮演的方式来完成这个练习。首先，由咨询师扮演他的前任，对他一遍遍地说出上面的话，这样男方也可以感受并处理心中的情绪反应。探索完内心浮现的所有情绪之后，就轮到他对咨询师说这样的话了，至此这个练习也算圆满完成了。

## ♥ 10. 灵魂伴侣也并非十全十美

有时候，男人给不了爱人承诺，是因为他在把爱人和自己心中虚拟的完美女性做对比。或许他有爱上这个女人，却不知道和她在一起到底是不是一个正确的选择。他想要确定自己是否已经找到了世界上最好的女人，所以总是担心可能还会有更好的。正是因为他认为自己的灵魂伴侣应该是十全十美的，才没有给自己一个能找到永恒真爱的机会。

这样的男人通常都会推迟结婚，一心希望着完美女神的到来，幻想自己的灵魂伴侣就应该是完美的化身，却没有从现实的角度出发去看待爱情。灵魂伴侣不是指十全十美的人，世界上也根本不存在完美的人，只要灵魂伴侣对他来说是完美的，就够了。

> **灵魂伴侣并非完美之人，但在我们眼里是最完美的。**

只有在两个人相处了一段时间，彼此有一些了解后，男人才会知道这个女人是不是自己的灵魂伴侣。想要马上就能确定这一点是不现实的。把自己的心完全向对方敞开，这本身就需要时间。随着恋情的发展，某一天我们就会知道对方是否真的适合自己。这样的辨识不是出于理智判断，而是一种自然的感知。

判断这个人是不是那个对的人，是要靠内心去辨识的，而不是用理智。内心不会计较任何东西，只知道"这个人是不是我的真命天子"。如果想用比较的方式去知晓，你就会用理性做判断。从这个角度看，她永远都不会令自己满意，理智总是会在她身上罗列出很多缺陷。只有用内心去选择，你才会找到真正属于自己的灵魂伴侣。

> **灵魂伴侣是无法通过比较来找到的。**

理想情况是，我们应该用理智找出付出和接受爱与支持的最有效方法。再用理智的方法和对方成功约会，接着心门才会开始向其敞开。然后，在内心的指引之下，我们就会知道到底是该继续，还是该分手。

有时只有当心门打开后，我们才会发现眼前的这个人并不适合自己。正如之前所述，光有爱是远远不够的。爱她，并不意味着她一定适合自己。所谓灵魂伴侣，就是内心深处最渴望与之共度一生的人。我们可能会爱上某个人，但不一定会想和她共度一生。

## ♥ 11. 草率恋爱

当男人草率恋爱时，可能就会失去付出和感受爱的机会。这样的男人通常都会有一种使命感，要是不确定这个女人是否适合自己，他就会马上从这段感情中抽身，然后继续寻找。因为不想彼此浪费太多的时间，也就不想再投入更多的感情。对他来说，时间是非常宝贵的。他认为，如果在一段感情中逗留太久，可能会错过找到真爱的机遇了。

对寻找灵魂伴侣的过程有了更深入的领悟和认识后，他就会放松下来，既来之，则安之。如果他爱上了一个女人，即便不确定她究竟是不是自己要找的灵魂伴侣，其实也并非在浪费时间。

> 继续一段恋情，直到能够确定对方是不是自己的灵魂伴侣，这么做其实也是在为寻找灵魂伴侣奠定基础。

即便是他一直爱着的恋人，后来才发现她不是自己要找的灵魂伴侣，其实也没有浪费时间。因为正是有了和她相处的时间，自己对她打开了心扉，他才能辨别出她是不是自己的灵魂伴侣。分手后，他只要再慢慢疗愈心中的悲痛，下次恋爱时遇到灵魂伴侣的概率就会大大增加。

尽管他出局了，但他的时间并没有白费。下次他"击中本垒打"的概率就会显著提高。著名棒球手贝比·鲁斯是本垒打的纪录保持者，他同时也是出局次数最高的纪录保持者。打的次数多了，可能出局次数也多，但是不久之后就会击出一个本垒打。

## ♥ 12. 识别灵魂伴侣

我们在挑选灵魂伴侣时，总是会过度担心。每位女性都是独一无二的，我们在恋情中收获更多的是自己的付出，而不是对方。假如一个男人和很多女人交往过，他在每段恋情中的收获其实大同小异。用心去识别灵魂伴侣，不是指这个女人有没有比别人更好，而是指你在和她相爱的过程中，有没有共同成长，且愿不愿意和她共度一生。

> 我们在感情中收获更多的是自己的付出，而不是对方。

找到灵魂伴侣的感觉，就好像找到了能携手走天涯的那个人。因为这是灵魂做出的选择，感觉就是命中注定一样。不过，灵魂伴侣听起来像是注定的命运，其实也只是一个选择而已。要是认为此生只有一人才能和自己白头偕老，这样的想法就太局限了。这个想法会让人们不敢做出选择。

> 如果认为此生只有一人才能和自己白头偕老，这样的想法就太局限了。

男人总是误以为，世上一定会有比其他任何人都要优秀的完美女性。这便会让他很难做出决定，况且这个世界根本就没有这样的女性。在任何男人看来，他至少有好几百个女性可以挑选。通常过来咨询的男性客户都会问我："我该怎么选呢？她们都好优秀！太多了，每个人都各有千秋。"

这个问题的答案就是：不要用理智来做决定。首先，挑一个与其他人一样优秀的女性，开始和她约会。随着恋情逐步发展，为爱不断付出，你的心更加为她敞开，你就会自然而然地明白她是不是那个适合的人。即便不是，下一次找到灵魂伴侣的概率也会更大。

## ♥ 13. 看清幻想

男人为爱重新出发的时候，通常只会追求符合他标准的女人。他的脑海中会构想出一幅理想女人的"画像"。但大多数情况下，他会发现自己的完美伴侣，竟完全不符合他心目中的"画像"，她简直就是个意外之喜。

当男人只追求符合自己心中"画像"的女人时，就会延长找到灵魂伴侣的时间。一个男人经常参加聚会，也会和很多女人来电，但发现对方和自己想象中的样子不同时，就会马上忘记她当初在自己心中的感觉。

> 除非那个女人看起来很特别，否则男人就会忘记她当初吸引自己的感觉。

如果男人可以暂时把"画像"放在一边，先和吸引自己的女人开始约会，相互了解，这样找到灵魂伴侣的机会才会更大。与其关心她的外表，不如关注自己对她的感觉。

身体上的吸引会很快消失，唯有将彼此的吸引建立在比身体吸引更高层次的基础上，热情才会持久。所谓灵魂伴侣，就是指在身体上、情感上、精神上和灵魂上这四个层面都吸引自己的人。出于身体上的吸引，我们会喜欢对方，对她感兴趣，然后就会受她的鼓舞，变成自己最好的样子。想要相爱一辈子，而不仅仅是几周、几个月或几年，我们就必须在以上四个层面都和对方进行联结。

> 唯有将彼此的吸引建立在比身体吸引更高层次的基础上，热情才会持久。

令人惊讶的是，那些来向我咨询，抱怨她们对男朋友或丈夫不再有魅力的女性客户都非常年轻靓丽，看起来就像明星模特一样。她们如果和爱人分手了，往往会对男人失望透顶，觉得他们都是喜新厌旧，得到了就很快失去兴趣。会产生这样的结果不是因为她们没有魅力了，而是因为选错了人，这些男人都仅仅只是在身体这个层面对她们感兴趣而已。

想要幸福相爱一生，明智的男人绝不会以貌取人。但还是有很多男人难以做到这一点，他们不愿放弃寻找到像封面女郎一样完美的女性。然而，就算有一天他们真的找到了这样的女性，还是会出现这样或那样的瑕疵的。过重关注外表，满足便不会长久。下面，我简单地分析一下男人看到女人时产生的心理活动。这些分析可以帮助男人放下心中的理想"画像"。

男人在注视一个魅力四射的女人时，会想：是什么让她如此光芒万丈呢？她是那么美丽，那么令人心驰神往。由此，他便对她如痴如醉，神魂颠倒，忍不住想要去触碰。碰到她的时候，他便会欣喜若狂。这样的触碰让男人雀跃，也让女人感到欢喜。

事实上，这反映出了第一次见面时，男人最在意的是女人给他带来的感觉，而不单单是外表。

当然，也有男人会因为过分依恋前任而始终无法放弃对恋人的幻想。正如之前所述，只有完全感受到了失去至爱的悲痛，完成心灵疗愈，才能放下对前任的依恋。执迷于心中的"画像"，就清楚地表明这个男人对前一段感情仍存有牵挂，还是有些东西没有完全放下。

## ♥ 14. 进退两难

经历了一连串失败的恋情之后，有些男人就会直接放弃，不再追求爱情。他们会找女性伴侣，不过一旦相处出现了问题，就会马上从中抽离，再找下一个伴侣。他们往往都不会从过去的经历中学习借鉴，反而会形成非常局限又消极的观念。这样的男人不会从积极的角度来看待男女之间的不同。虽然他们也喜欢女人，却坚持认为自己无法和女人一起生活。他们愿意和女人约会，却从来都不会想要结婚。

这些男人总是以为女人应该如何如何。一旦女人没有按照他所想的那样去做，他就会感到无比烦躁。于是便会指责她，甚至想要改变她，却从来没有考虑过要改变自己的行为方式和态度。男女沟通的时候，他尤其感到烦躁。

女方希望相互交流，男方却不想。男方希望有自己独处的空间，女方却想要和他待在一起。女方希望对方能倾听自己的苦恼，当男方给出解决方案之后，女方却不予理睬，这让男方很受打击，觉得自己得不到认可。他竭尽所能地对她好，女方却似乎从来都不曾感到满意。若两人之间总是存在这么多的矛盾和分歧，爱情要发展下去就很难了。

> 男方给女方解决方案时，女方可能会更加消沉。

如果一次又一次地碰到同样的问题，男人就不应该草率地把问题都归咎在女人身上，而是应该反躬自省，好好想想自己在这个问题中扮演的角色。通常情况下，只要对自己的沟通方式和态度稍作调整，男人就会感知到自己在爱情中到底想要什么，又有什么样的憧憬。学习男女两性在沟通方式上的差异，有利于他们调整自己原本的沟通方式和态度。

有时候，实际存在的问题比起他所理解的两性差异要严重得多。如果一个男人还未从过去情感的伤痛中走出来，他可能永远都不会对任何一个女人感到满意。每次一靠近某个女人，对她心动时，他就会想起过往的伤痛，仿佛有一个声音在说："赶快停下来，我以前就这么付出过，但根本没有用，结果还是分手了。我简直就像个傻子一样，被伤害了……"

> 如果一个男人还未从过去情感的伤痛中走出来，他可能永远都不会对任何一个女人感到满意。

如果男人内心深处的某个地方存在悲痛、被拒绝和自卑的感受，那么在他和女人越走越近时，这些情绪就会一一涌上心头，但他不会意识到这些情绪其实都是过去未解的心结，反而会觉得是伴侣出了问题。当男人感到自卑的时候，他就会马上责备对方，为自己辩护。

一个觉得自己不值得被爱的男人，是很难去珍惜别人的。这种情况就好像一个笑话："我不想加入任何一个希望我成为他们会员的俱乐部。"当一个女人很快被他征服时，他可能会开始质问自己到底有多想和她在一起，有多想要这段关系。于是，等到两人之间一出现问题，他就很难表现出对这段感情的珍惜，更不用说和恋人共渡难关了。

## ♥ 15. 永无止境地寻找

有些男人一直寻寻觅觅。他们从来都不会对任何一个女人感到满意，总是永无止境地寻找心目中的合适人选。一边不断推开爱情，一边幻想着世界的某个角落，有一个和自己绝对合得来的女人。于是，他们一遇到谈恋爱时遇到的普遍问题，就会单纯地认为是自己选错了伴侣，懊恼为什么自己总是交错对象。

希望感情能一直幸福和睦下去，或想要一切都能称心如意的想法都太天真了。每段感情都会有高峰和低谷。所谓锦绣良缘，就是一对有情人同甘苦，共患难，携手面对一切风雨挫折，最后惺惺相惜。等到未来的某一天，再回过头来看之前所经历的失意和消沉时，一切都会变成美好的回忆，让人一笑而过。

如果对恋情没有切合实际的期待，男人最后就会总结出：无论自己怎么做，都无法让两人的关系获得更好的发展。如果他在伴侣开始抱怨时表达了自己的观点，却没有得到想要的回应，他就会立马放弃和她继续交流。这时伴侣就会觉得这个男人一点都不在乎她，但其实是他根本就不知道自己该怎么做。

当男人感觉自己可以解决某个问题的时候，就会浑身充满力量，他会努力去分析问题，直到找到解决方案。除非确定自己真的不知道该怎么办，否则绝对不会放弃。比如说，他的电脑坏了，他就会花很长的时间去修理。而电脑和伴侣的不同之处在于，他知道电脑确实存在问题，对他来说，他只需要查看一下说明书，修改一些配置，就没问题了。对成功的期待会点燃男人的兴趣，让他精力充沛。

**女人的问题和抱怨**

如果男人一味断定自己只是选错了伴侣，那么他就会对出现在恋爱中的问题和矛盾置之不理，根本不愿去解决。总是一厢情愿地期待没有任何问题和矛盾的爱情，其实就是在破坏那些可以获得真爱的机会。什么样的男人会想当然地认为自己的工作应该一直轻松有趣呢？生活就是要平衡工作和休闲。期盼自己会遇到一段不会产生任何问题的爱情，就太天真了。

> 总是一厢情愿地期待没有任何问题和矛盾的爱情，其实就是在破坏那些可以获得真爱的机会。

在调查了成千上万的男人和女人之后，我非常清楚地总结出这一点：所有的女人对男人的抱怨和矛盾几乎都是一样的。她们跟我倾诉的时候，都觉得这些问题只会在她们的感情中才会出现。但她们不知道的是，其实每一天、每一周，我都会听到同样的故事。

当然每段恋情都是独一无二的，几乎每对爱人都会有很多行为模式、矛盾、抱怨和误解。在读了我的《男人来自火星，女人来自金星》后，男人和女人通常都会对我说："你肯定是躲在床下偷听我们讲话了。"知道不是只有自己才有这样的经历，其他人也有相似的经历时，他们会长吁一口气，感觉特别安慰。其中一个安慰就是他们认识到，"如果别人也存在这样的问题，就说明我不是一个失败者"。

还在寻寻觅觅中的男人，总会感觉自己是个失败者。有了以上的全新见解后，他就会轻松很多。不管选择谁，他最终都会遇到和过去同样的问题，也永远都不会找到所谓的完美女人。

但这并不意味着他不能在恋爱中获得自己想要的。恰恰相反，他拥有了发现真爱的机会。人人都会追求完美，而真正的爱情是学会爱上一个人，包括爱上她所有的缺点和不同。

> **不管选择谁，最终都会遇到和过去同样的问题。**

他没有一直都选错"柠檬"，只是不知道该如何让柠檬变甜，然后榨出好喝的柠檬汁。于是他便会错下定论，认为所有问题的症结就在于自己选错了对象。现在知道无论自己怎么选，都会遇到同样的问题后，他就会释然了。当意识到所有问题都是不可避免的时候，他就开始明白：其实这些挫败感更多的是与自己解决情感问题的方式有关，而跟选择的女人无关。

此外，这一结论也会让女人受益匪浅。尽管女人比较能够意识到恋爱会遇到很多困难，但她们还是会不自觉地抵制男人与自己的差异。我的女性客户常常跟我说，对男女两性差异的认识，帮助了她们接受丈夫与之不同的行为模式，而不再试图去改变他们了。通常情况下，当男人的反应与女人所预期的不一样，或忘了去做她所交代的事时，女人就会觉得他是在针对自己。了解了男女的不同之处，女人就可以坦然地面对这些问题，理解他其实就是个来自火星的人。

## ♡ 16. 有所保留地付出

男人若没有给自己一段时间去感受失去至爱的痛苦，那么他可能在面对恋爱机会时会无意识地退缩。即使到了该出去约会的时候，如果在此前他还没有花必要的时间来释放心中所有的消极情绪，也没有原谅前任，那么他在爱情面前就会退缩，不敢向对方做出承诺。

刚刚分手后，与爱情保持距离是很有益的。再次恋爱之前，先重新找回独立和自主，这对男人来说至关重要。如果他没有抽出充足的时间去梳理自己的情绪，他暂时不会对别人做出任何承诺，一旦再次坠入爱河，一定会不可避免地再次打破自己的承诺。

如果在过去的恋情中他没能成功取悦伴侣，冒着可能会再次受伤的危险，男人往往会选择不再那么义无反顾地投入。于是他的观点就会变成"我想要的是别人爱上我这个人，而不是我做的事"。因此，他便异常小心谨慎，不让自己在一段感情中投入得太深，更不会做出任何承诺。

这样的退缩不会对男人起到任何好的作用。如果他想要重新找到一份爱，就应该做好充分准备，展现出自己最好的一面。火星人奉行的一句话就是："值得做的事情就要全力以赴去做好。"所以，当火星人没有尽最大的努力时，结果注定会失败。

> **值得做的事情就要全力以赴去做好。**

当男人感到自己可以帮到别人的时候，他就会产生巨大的成就感。对别人的帮助以及伴随的成就感正是他存在感的来源。在向别人许下承诺，并全力以赴去兑现的过程中，男人会不断成长，提升自我。倘若在过去他所做的努力没有得到他人的认可和感激，其实问题并不在于他想要帮助他人，让他们开心的初衷，而在于自己获得的认可与感激实在太少了。这个时候，他要做的不是从此不再全心全意地付出，而是应该向那些会对自己表示感激的人付出。

对于男人而言，最大的挑战莫过于自己的努力没有得到认可与感激，却还要做到全力以赴。或许他会尝试再次付出，但不会像之前那样不遗余力了，他会让自己有所保留，以免再次受到伤害。万一又失败了，他就可以安慰自己说："没关系，反正这次没有真的尽力。"但他不知道的是，有所保留的同时，他也无法完全发挥自己的男性力量和动力。

### 男人有所保留，女人付出过多

在重拾真爱的过程中，除非已做好心理疗愈，否则男人会倾向于有所保留地付出，女人则会倾向于付出过多。女人对爱有一种特别的感知能力，即无须通过自己付出，就能感受到被爱的感觉。当然，女人也会喜欢帮助别人，感受别人的认可与感激，但只有在自己无须为他人付出就能获得爱的情况下，才会让她有值得被爱的感觉。女人最希望的是别人爱她这个人，而不是她所做的事。如果她过于依赖通过为别人做这样或那样的事来获得爱，她就容易付出过多。

**女人最希望的是别人爱她这个人，而不是她所做的事。**

当然，不管是男人还是女人，都应该是因为他们本人而被爱，而不是因为他们在一段感情中的付出。但是男人也有一个特殊的需求，即希望自己的付出能够得到认可与感激。如果对方爱的只是他这个人，这对他来说远远不够，还缺了一些东西。只有他体会到自己手中的爱情是靠努力与表现得来的，而不仅仅是因为自己是个值得爱的人，他才会完全感受到爱的真谛。

当他的付出能够满足别人的需求时，男人就会觉得自己是这个世界上最棒的人。倘若在过去的爱情中，他的付出一直得不到认可，那么在这个伤痛还没有痊愈的前提下，他就会有所保留地付出，不再毫无保留地照顾到别人的需求。除非他能够原谅前任，否则这种情况难以改变。打算再次对爱情许下承诺之前，男人必须确认好自己是否已经做好了全力以赴的准备，不再止步退缩。

## ♥ 17. 自己的快乐，自己做主

恋爱过程中，男人特别容易对两人的相处模式感到困惑不解，于是他会放弃讨爱人开心的想法，反抗性地宣称他希望的是别人爱他这个人，而不是他所做的事。他不想再当一个爱情奴隶，整天为侍奉女人而没日没夜地工作了。他觉得自己就是个工作机器，而他的价值就是靠产能来衡量的。从现在起，他希望别人爱的是他这个人，而不是他做的事。

所有的这些观点都可以理解，其实隐藏在背后的是一颗受伤的心。这些反应体现了男人感到自己的能力及付出没有得到相应的认可与感激时的心理。当一个男人觉得自己过去的所有付出都是徒劳无功的，他就会放弃努力，不想再白费工夫讨爱人开心了。既然一切努力都不被认可，那为什么还要徒增烦恼呢？

事实上，男人不应该放弃想让女人开心的想法，而是应该学习如何成功讨她们欢心的办法。其实这个办法由两部分组成。第一，他必须肯定自己的确想让某个女人开心，但不要觉得自己对她的快乐是有责任的。第二，他必须重新考虑一下哪些方法是有效的，哪些是无效的。不是因噎废食，完全放弃，他只要舍弃那些无效的做法就可以了。

> 男人需要意识到他可以努力讨女人开心，但不用对她的快乐负责。

当男人觉得自己对女人的快乐负有责任的时候，那么只要她一不开心，他就仿佛被人痛打了一顿，感觉十分挫败。最理想的状态是，男人不应该觉得自己要对女人的快乐负责。明智的男人知道女人需要对自己的情绪负责。他只需要在她情绪低落的时候，帮助她、陪伴她就行了。毕竟，他是无法代替她去感受快乐的。男人硬是担负着过多的责任，就好像有一把大铁锤敲打了他的头一样。

竭尽全力让女人开心和竭尽全力后要求女人马上开心起来，完全是两码事。想要了解女人，男人必须知道：有时候让她开心起来的方法，就是在她不开心的时候能感同身受，理解她的处境。女人心情不好或不开心的时候，最不希望的就是男人试图解决她的问题，以为这样做就能让她开心。事实上，她要的并不是解决方案，只是想要感受一下内心的情绪，也希望他能理解自己的心情。

> 当男人觉得自己对女性的快乐负有责任时，那么只要她一不开心，他就感觉仿佛被人痛打了一顿。

这不是作壁上观，要知道有时候带着同理心陪伴在她身边，就是对女人最好的帮助了。在她不开心的时候陪伴着她，也是一种付出。在对女人的思维方式及感受有更深入的了解后，男人就可以更好地处理两性关系了。他可以毫无负担地给予女人支持与关怀，而不用感到自己要对她的任何情绪负责。

其实，男人可以在实际行动上减少一点付出，而在心理上给予更多的支持。因为他过度付出了，就会特别看重结果。只有适量付出，他才能无须限制自己，做到量力而行，做自己能做的，并获得相应的认可与感激。

## 🖤 18. 专注于做大事

最理想的状态是，男人不应该认为自己的价值是靠付出的多少来衡量的。他不应该成为工作的奴隶，更无须为了想让别人爱自己而卖力表现，不断给予。他应该为了自己想要做的事情而努力工作，乐于奉献。其实，男人所感受到的压力更多的是源于自己本身，与女人想要被取悦的需求无关。他甚至可能会觉得只有自己做更多的事，哪怕超出了力所能及的范围，才能获得别人的爱与感激。

大多数情况下，男人不愿意承认自己是爱情中的付出者，通常是因为他对自己的期望太高了。他意识不到其实他所做的每一件事情都值得爱的回报，于是便错误地屈服于世俗的压力，认为只有付出更多，取得更大成就，拥有更多物质类的东西，才能获得女人的芳心。他固执地以为做的事情越大，就越好。

在做婚姻咨询的过程中，我一再发现男人最需要的就是放下对做大事的专注，把更多注意力放在身边的小细节上。男人的实际行动确实会让女人倾心，但她并不依赖于男人所做的那些所谓大事。想让她开心，男人不需要付出很多。事实上，他只要少做大事，多注意一些小细节，就完全可以让恋情往好的方向发展。

男人的实际行动确实会让女人倾心，但她并不依赖于男人所做的那些所谓大事。

有些女人确实希望男人能成就一些大事，不过当她们发现男人可以一如既往地在小细节上照顾她们时，就会深刻感受到这些看上去微不足道的关爱与支持在她们心里是多么重要。其实大多数女人已经体会到了这一点。到最后，也只是男人自己一厢情愿地认为只有拥有更多东西，付出更多，获得更多成就，才能让女人倾心。

### 女人真正想要的

即便女人开始对这段感情有所抱怨，说自己想要更多，其实她真正想要的也只不过是希望能和爱人有更多的沟通、关爱和理解。但男人听到她在为小细节感到沮丧时，就会马上误以为她根本不认可自己为她所做的大事。男人往往会妄下定论，认为只有做更大的事情，才能让她快乐起来，比如：一定要挣更多钱，计划一次豪华旅行，买一栋别墅，等等。

在火星上，男人会这么想：如果我帮了她大忙，为她做了一件大的事，那么她一定会非常感激我，也就不会再计较我犯的小错误了。于是，当男人与女人相爱时，如果女人开始抱怨一些小细节，男人就会以为她没有感激自己为她做的那些大事，结果反而让他更加忽视身边的小细节。

当女人开始抱怨一些小细节时，男人会以为她没有感激自己为她做的那些大事。

女人会抱怨小细节，是因为在她看来，小细节和大事一样重要。与其反对、误解女人的这些看法，男人不如从中获益。想要让爱人开心满足，他不应该把精力过多地放在做大事上，而应该注重生活中的小细节。

> **对女人来说，小细节和大事一样重要。**

事实上，让一个女人开心起来远比男人想象的要容易。哪怕只是照顾生活的小细节，也能让她感动，开心起来，男人若能意识到这一点，就会感到如释重负，并能从世俗的压力中解脱出来，明白想让女人倾心，他不一定要付出更多，取得更多成就，拥有更多东西。

下面这些小小的举动就可以让金星人打出高分。

### 小举动，高分数

每天对她说几句暖心的话，拥抱她几次。

她讲话时，认真听。

提前计划和安排定期的约会和短假。

有意无意地赞美她。

给她买花。

为她提东西。

在她疲劳的时候，帮她排忧解难。

在她开口之前就主动帮忙。

偶尔给她留个小便笺。

鼓励她留些时间给自己。

其实，感情上的矛盾往往都是生活中的一些小细节引发的。当然夫妻也有可能为了一些大事而争吵甚至发展到暴力行为，但说到底，只有男人更加注重生活的小细节，女人才会给他想要的爱，让他更加全心全意地付出。

# ♥ 19. 找到平衡

　　分手或离婚后，男人往往会根据前任对待分手的态度对她进行评价。就在他还思考着要跟对方说分手时，女方可能已经开始主动和别的男人接触了。发现这点或许会让男方深受打击，尤其是在他感觉自己被甩的时候。如果对女人的需求有更加深入的了解，他可能就不会对她另寻新欢的举动反应如此激烈。

　　男人之所以容易误解女人的举动，是因为他分手后的需求和女人完全不同。如果在上段恋情中他付出了很多很多，结果对方还是离开了他，分手后，为了恢复生活平衡，他可能会想独处一段时间。通过这段时间，适时地挖掘出心中潜藏的消极情绪，并将其疗愈，从而重新找回独立自我、自立自足的状态。这段时间正是他需要保持单身，多和家人朋友沟通相处的时候，所以千万不能马上开始新的恋情，尤其是以结婚为前提的恋爱。在这样的独处状态下，他就能慢慢地从上段情感的伤痛中走出来，踏上正确的人生轨道。

> 给自己一段独处的时间，有助于男人重新寻回独立自我、自立自足的状态。

　　在自我疗愈的过程中，女人的需求则截然不同。只有重新获得了自信、魅力和相互依赖的感觉，她才会找回生活的平衡。如果在上一段感情中，她一直都没有得到自己想要的，那么现在她可能就会想出去玩，和闺蜜一起去度假旅行。这些被男人判定为自私无情的举动，恰恰是女人此刻需要去做的。她表现得像一个单身女性，享受其他异性的陪伴，这也没什么错。那些男人对她的关注与爱慕之心，可以让她找回自信，从而帮助其疗愈失恋之痛。

通常情况下，女人找回生活平衡的方法就是放下照顾别人需求的责任，让别人来照顾自己。她可以享受其他异性的爱慕与追求，但从理想的状态来说，她最好要小心处理与这些追求者的相处方式，不要轻易开始正式恋爱。因为在具有排他性的两性关系中，她会一门心思地关心伴侣的需求，而没有时间去感受、辨别并照顾自己的需求。所以对女人的最好建议就是：可以和多个男人接触，但不要做出承诺。

### 男人寻求性释放

在经历了痛苦的分手或离异后，男人和女人可能都想要寻求性爱上的抚慰。发生这种情况时，男女双方必须注意不能让自己马上进入另一场以结婚为前提的恋爱。失去至爱后，我们需要时间去关注自身的需求，而不是其他人的需求。再次进入排他性的两性关系之前，我们最先要做的就是疗愈好自己受伤的心灵。

寻求性伴侣或定期释放性欲，的确可以帮助男人不断感受到潜藏在心中未疗愈的情感。如果没有这样的性释放，男人就容易被理智所掌控，从而无法察觉自己的情绪波动。对有些男人来说，只有性行为才能让他们放下理智，感觉到生活若有所失。床笫之欢后或一个人淋浴时，男人一定要把握住时间感受内在的四种疗愈性情绪，这是非常重要的一个过程。疗愈情绪的最佳时机就是性释放后。

性可以作为男人与内心情感建立联结的一种方式，除非他有意识这么做，否则可能会无意识地用性释放来逃避自己的情感。任何自然的需求一旦过度，就会成瘾，反而会阻挡我们感知心中的情绪。比如说，过度睡眠、工作或饮食都会麻痹我们的痛苦，让我们无法感知失去至爱的种种情感，更不用说要治愈了。性，也和其他的自然需求一样，既可以帮助我们触碰到心中的情感，也可以让我们远离这些情感。对男人和女人来说，适当的性行为才是疗愈之关键。

### 性爱让女人找回自信

女人天生就对自己的情绪比较敏感，而且这种感知并不需要依靠性来释放。对女人来说，如果在上一段恋情中爱人对自己既不温柔也不重视，那么现在的她就需要通过性和浪漫来重建自尊心。男人的爱慕和追求是女人维持自尊心的重要保障，若女人进入了排他性的两性关系，伴侣对她失去了爱慕之情，那么她的自尊心将不可避免地再度受到伤害。需要的话，多和男人接触，甚至享受云雨之欢，都会帮助她重新找回自信。

从理论上来说，性应该表达了一种愉悦或与之分享的心情。所以女人不应该把性爱作为留住男人的资本，期盼他会做出承诺。这么做就大错特错了，可能会给她带来巨大的痛苦。在情伤时发生的性行为，只能作为抚慰心灵并与内在情感建立联结的一种方式，以此来舒缓心中郁结已久的孤独感。女人需要注意的是：千万不要把性作为让男人对感情承担责任的筹码。如果她真的想好好对待这段情感，那就应该把性抛到九霄云外，先疗愈好心里的伤痛。女人想通过性爱来让男人给予更多的回报，无异于把自己往火坑里推。

### 追求性爱

两情相悦的两个成年人之间，性爱是单纯发自内心的。然而有时候，追求性爱会阻碍疗愈的进程。一门心思地追求性爱，可能会导致我们越来越难以认识到自己痛苦的真正来源。寻找性伴侣的过程中，我们会更多关注和对方享受鱼水之欢的次数。当追求性爱本身成为痛苦时，这个时候性爱就失去意义了。

这种情况下我们应该回到正确的疗愈轨道上来。若依靠自己就能进行性释放，而无须性伴侣，就可以有更多的私人时间，去感受并疗愈失去至爱的伤痛。直到感觉慢慢好转，再向前踏出一步，满足自己其他方面的需求，比如友谊、个人爱好、自我反省、高效率的工作等。定期释放自身性欲，就不会再追求性上的刺激，同时也会有更多的时间来照顾自己的其他需求。

性释放只是诸多需求中的一个。我们要做到既不拒绝它，也不沉迷其中。平衡和适度便是最好的良药。有时候，和伴侣享受鱼水之欢，或自己解决生理需求，会被错误地和内疚与羞耻联系在一起。这是因为性释放后，心中未疗愈的情绪都一一浮现出来了。打个比方，如果内心一直压抑着羞愧、悲伤、空虚等情绪，那么在一次性释放后，它们就会自动涌上心头。在不知道这是疗愈步骤的情况下，我们就会误把这些消极情绪与性释放的行为本身联系在一起。

在自慰或与伴侣享受鱼水之欢后，心中可能会产生一些不好的情绪。在理想的状态下，我们应该会对自己说："好了，我现在可以去感受并疗愈这些随之而来的消极情绪了。感觉很糟糕，不是因为我做了什么不好的事情，只是因为失恋了。我已经一点一点地感受到了那些未能疗愈的情绪，过去的那些画面也在脑海中一一浮现。"把那些消极情绪和过去的类似场景相关联，同时配合"眉头舒展"的技巧练习，心灵疗愈就正式开始了。

性爱本身没有任何危害，也确实会让我们打开心扉，去面对那些未被疗愈的消极情绪。如果一直压抑着那些难过的情绪，在一次性释放后，它们就会反弹。要想疗愈心灵，就必须清楚地知道性爱本身是单纯的，是一种自然需求，它可以帮我们接触到内心最真实的情感状态，让我们瞬间感受到那些未被疗愈的消极情绪。

如果不知道性爱之后该如何处理心中浮现的未疗愈情绪，性释放就会导致心情更加低落，没有获得满足后的快感。除非你打算使用本书给出的疗愈技巧，否则不推荐采取性释放的疗愈方式。因为它会一次又一次地勾起潜藏在心中的消极情绪，而我们会一而再，再而三地将其压抑，直到麻木。只有当你能处理呈现出来的疗愈性情绪时，性释放才会成为与内心疗愈性情绪进行联结的快速之道。

## ♥ 20. 选对人

为爱重新出发的过程中，男人还会因为无法下定决心而将真爱拒之门外，因为他难以抉择哪位女性才是自己的灵魂伴侣。就算他开始好几段恋情，也没有一个会是有结果的。他可能会和三个及以上的女性同时接触，但只要一想到要对其中一个女人做出承诺，就会犹豫不决，这时他会突然想起曾经相处过的其他女人身上的所有优点。

> 对有些男人来说，安定下来感觉就像要妥协，接受不尽如人意的婚姻。

也许某个伴侣看起来很不错，但没过几天他就会移情别恋。每次和某个女人亲近时，就会感觉好像之前的那一个更加令人朝思暮想。于是他会再次回到前一个伴侣的身边，不过这时却总会出现新的女人，她看上去似乎更加魅力四射。这样一来，他一会儿回到上一段恋情，一会儿开始新的恋情，在感情旋涡中徘徊不定。

因此，他无法做出承诺，因为他觉得没有一个人是完美的。她们每个人都各有千秋，要是有个女人能集所有的优点于一身就好了。于是，他约会的女人越多，心中萌发的期望就越发不切实际，决定也就越难了。他无法打开心扉，全心全意地投入一段感情当中，而这一切的根源就在于他一直放不下过去的伤痛。

> 她们每个人都各有千秋，要是有个女人能集所有的优点于一身就好了。

其实，他只要稍微调整一下自己约会的方式，就可以应对这种局限的模式了。男人安定不下来的原因，要么是有些过去未得到疗愈的情绪，要么就是同时拥有很多的性伴侣。通常情况下，如果男人有很多的性伴侣，他就识别不出自己的灵魂伴侣。只要他在近三个月之内与伴侣B发生了性关系，他就无法识别伴侣A就是自己的灵魂伴侣，他识别出伴侣A是自己的灵魂伴侣的必要条件是不存在的。如果说拥有很多性伴侣只是为了能够帮助自己联结到内在的情绪，这还可以接受，但如果一个男人已经准备好要寻找灵魂伴侣，他就需要放慢脚步，给自己的每段恋情一个发展的机会。

要想识别灵魂伴侣，就必须把始终不渝和一夫一妻的能量聚合起来。只有当男人对女人的爱有进一步的发展后，男人才会知道自己到底想不想和她共度一生。在男人"知道"并感到满意之前，双方必须建立一种特殊的链接。如果在产生链接期间，他和其他女人发生了关系，那么链接就会断开，而他也不得不从头再来。

> 要想识别灵魂伴侣，就必须把始终不渝和一夫一妻的能量聚合起来。

没有几个月的单独相处，男人是不可能知道到底哪个女人才会是自己的灵魂伴侣的。他只能继续在心仪女人 A 和女人 B 之间来回穿梭，试图通过理智的比较来决定哪个女人更适合自己，却不知道其实真正的灵魂伴侣是要靠心和灵魂去识别的。

要想结束这种恶性循环，男人就必须从中选择一个女人，然后暂时忘掉其他女人，让自己专注于这一段感情，直到最后得出结论。他必须克制自己，只和当前的恋爱对象发生性关系，也不能和其他女人打情骂俏，心猿意马，更不能有备胎。

这段时间，要是有一个女人更好也是正常的。不过这时，他不能任由着自己，必须始终如一。哪怕他失去了对女人 A 的兴趣，也要继续和她再相处几个月，给自己的性需求一次循环的机会。

> 很难做出承诺时，男人通常会暂时对女人失去性趣。

经历了这个过程后，如果他发现对她的性趣回来了，就会想要继续这段恋情。但如果性趣一直没有回来，就说明他需要彻底结束这段关系。当然也有可能他对这个女人的性欲还是很强，但只要经历了始终如一的过程，他就会发现她并不是那个对的人。

如果要给这段关系画上句号，他必须清楚，自己不会再回头了。然后，慢慢疗愈内在浮现的所有消极情绪。想要到处约会，也可以，但在打算对另一个女人做出承诺之前，他必须停止和其他女人的约会。

发生性关系之前，男人应该设定一个原则。首先，他必须至少要对这段感情全心全意，认为这个女人可能就是那个命中注定的人。不用非常确定，只要他知道了这个和自己有肌肤之亲的女人不是那个对的人，就该停下来。如果确定这个女人不会成为自己的妻子，却还跟她亲密接触，缠绵不休，那么这不仅是在浪费时间，还会起反作用。

改变了原本的约会模式，男人就会发现原来他有能力安定下来，只和一个人相伴一生。只要花时间选择好伴侣，他今后就不会再受到困惑的折磨，也不会觉得自己是个失败者。反而会认为如果当时做出不能兑现的承诺，才会感到后悔。

## ♥ 21. 分手的艺术

有些男人很难对一段感情说"开始"，有些男人难以开口说"结束"。失去至爱后，他们和另一个女人相爱了，只是当他们逐渐意识到这个女人不是命中注定的那个人时，却发现自己难以开口对她说分手。她是那么爱这个男人，所以他不忍心离开，让她伤心难过。

由于这个原因，第二段婚姻失败的例子也是屡见不鲜的。男人离婚后马上就和别的女人谈恋爱，两人关系发展迅速，没过多久就结婚了。他们都被男人的冲动需求冲昏了头脑。他现在就想和她永远在一起，迫不及待地要宣告婚姻誓词，一刻都不能等了。无论什么时候，冲动结婚或发生亲密关系，往往都注定是个错误。

> 如果第二次婚姻是在其中一方处于情伤之时发生的，那么这样的婚姻往往都很难有结果。

这样的男人一旦再婚，疑虑便会开始盘上心头，让他不知所措。每当从美好的梦境中醒来，发现枕边人并不是自己想要的那个人时，他便再次跌入了无尽的痛苦之中。于是，他决定真实地面对自己，选择结束这段婚姻。不幸的是，闪婚闪离所产生的痛苦和伤害远比结婚前分手大多了。拖得越久，伤害就会越深，情况也会越复杂。

当然男人也可以选择不结婚，从而让自己和伴侣免于承受这样的痛苦。更好的做法就是，不要马上做出承诺。先给自己一段时间自由独处，再多抽出一些时间和不同的女人接触。在接触的过程中，他就会在对的时间遇到对的人。如果发生了性关系，那么他必须小心处理好内心浮现的未疗愈的情绪。

男人因为害怕伤害对方，而不敢开口说"结束"时，其实还有一个内在原因 —— 他心里还有未疗愈的伤痛。如果当初他爱的人离开了他，深深地伤害了他的心，那么现在他就绝对不想用同样的方式去伤害别人。无法结束一段感情，其实也就清楚地表明了他心中还有伤痕，需要继续完成心灵疗愈，才能投入新的感情中。只有原谅了曾经伤害过自己的人，他才会做到在没有愧疚负担的情况下和现在的恋人说分手。

### 写一封分手信

不管是否有愧疚，如果男人感觉需要给这段感情画上句号，他就应该当机立断。既然已经确定对方不是自己的灵魂伴侣，离开其实就是给她最好的礼物，即便心里有多么不想让她难过。要是觉得难以开口，可以把自己想说的都写下来，然后读给对方听。过程很简单，可参考下面的例子：

亲爱的 ＿＿＿＿＿，

我想告诉你我很爱你，也很在乎你，但我觉得现在的自己不应该谈恋爱。我还没有给自己足够的时间从上一段感情中恢复过来，我需要一段时间和不同的女人相互了解后，才能承诺一段感情（就像之前对你承诺的那样）。

　　我真的很难说出口，因为我不想对你造成任何伤害，只是现在我必须得这么做。天下无不散之筵席，我们也该说再见了。

　　我很怕，如果当面跟你讲，可能会用错的方式或说错话，从而伤害到你。我真的不想让你难过。我知道你很爱我，也知道这么做给你的打击很大。但是，对不起，我给不了你想要的，也不能保护你，替你受这种痛苦。只是我很清楚，这段感情是到该结束的时候了。

　　感谢你的陪伴，为我创造了很多美好的回忆。那些幸福快乐的时光，我会一辈子都记在心里，感恩我们曾经分享的一切。你是个非常好的女人，相信你一定会找到自己的真命天子。

　　　　　　　　　　　　　　　　　　　　　爱你的，＿＿＿＿＿

　　写出了自己的想法、感觉和明确目的，他就可以把这封信读给伴侣听。若只把这封信装进信封，然后寄给她，却没有当面读给她听，效果就不会很好。读完这封信之后的对话至关重要，这样伴侣就能向你说出自己的心里话。这时，男人必须注意，绝对不能动摇分手的决心，一定要坚持原本的想法，结束这段恋情。他必须表现得温柔而又坚决。她会问："为什么？"这个问题的答案只能是"我爱你，只是我觉得你并不适合我。如果你不适合我，其实我也是不适合你的"。

　　如果他当时只是因为很偶然的原因和对方走到了一起，那么这时她就会要求这个男人再给她一次机会，或给这段感情更多一些时间。或许她还会保证自己一定会改，或要求他改。但这些都只是转移注意力而已。事实上，结束一段恋情真正的原因，和假如想要结婚的原因是一样的。我们心中其实早已有了答案。若彼此是无条件相爱的，那么也就没有任何理由要分手。与内心深处的赞成和反对相比，我们所认为的应该要和某人在一起或分开的理由都是次要的。

即便这个男人没有处于情伤之中，他可能依然会感觉很难结束一段恋情。倘若他已经确定目前和他约会的女人不是那个对的人，那么他可以仿照下面的例子写一封信，然后读给她听：

亲爱的 ＿＿＿＿＿＿，

我想告诉你我很爱你，也很在乎你。我写这封信的原因是有些话很难当面跟你讲。我不想伤害你，你是个多么特别的女人，值得被爱你的人宠爱。只是我发现虽然我非常爱你，但你不是那个适合我的人。所以，我想我们该分手了。

真的很对不起让你伤心了。我希望你能一直幸福快乐，而我也非常清楚那个能给你幸福快乐的人并不是我。相信你一定会找到值得拥有的爱情，而我也会继续往前走，找到自己的真爱。

和你在一起的那些时光真的非常特别，我会一辈子都铭记在心。

爱你的，＿＿＿＿＿＿

对有些男人来说分手是非常艰难的，只有克服这些困难，他们才能原谅过去可能拒绝过他的那些女人。结束一段明显不适合我们的恋情，这对我们在未来遇到并识别出灵魂伴侣，是一个非常有利的准备。

## ♥ 22. 自我毁灭倾向

当男人不能感受到并疗愈心中的伤痛时，他可能就会走向自我毁灭的道路。也就是说，如果他不能有效地处理那些消极情绪，就会走向自我伤害的道路。他可能会对什么东西上瘾，可能会离开原来生活的地方，去到别的城市开始新生活，也可能会做一些有生命危险的举动，甚至放弃自己的生命。失去自我控制后，他的生活将会一落千丈，直到穷途末路，不得不向外求助。

在不知道还有其他方法可以处理这些痛苦的情况下，男人是不会主动向外求助的。只有在生活状态变得越来越糟糕了，他才会意识到单靠自己是无法自救的。很多人认为，只有当一个男人走到绝路了，他才会开始改变。

其实事情不必发展到这种地步。如果这个男人有选择，他根本不必让自己跌入谷底。了解了心灵疗愈的过程，男人就可以在困难时运用自己与生俱来的强大逻辑思维，来深入体会支持的重要性，并梳理出该如何获得支持的方法。

> 如果男人有选择，他根本不必让自己跌入谷底。

如果他能马上开始实践本书中的疗愈技巧，就会逐渐好转起来。而且当他再次打开心扉时，也会意识到团体支持的重要性。他必须知道，之所以会出现自我毁灭的倾向，都是因为心中的某些情绪一直被压抑着。在没有他人的帮助下，想要完全恢复几乎是不可能的。

### 干预治疗

男人陷入自我毁灭时，可以寻求专业咨询师的帮助，他们会通过干预的方式来帮他疗愈伤痛。即便男人没有主动向外求助，也可以从干预治疗法中受益。自己是疗愈过程的主力，但家人和朋友的支持也会发挥不可忽视的作用，会为他战胜自我提供强有力的动力。

以直接的方式告诉男人什么该做，什么不该做，是不合适的。最恰当的做法是家人和朋友让他知道他的行为会给他们带来怎样的影响。此外，家人也可以在这段时间采用"眉头舒展"的技巧，写下心中的愤怒、悲伤、恐惧、遗憾、关爱、理解、希望及信任，然后大声读出自己的感受信。让他知道家人的感受，而不用告诉他应该怎么做，这样的方式不但会产生强大的治疗功效，而且会增强他对伤痛的承受力。

> 进行干预的时候，直接告诉男人该做什么，不该做什么，是不合适的。其实你只要向他分享他给你带来的感受，就是对他极大的帮助。

听到被自己伤害的人的真实感受后，他就会产生动力，进行必要的自我改变。要是他觉得没有人会因为自己的堕落而受到影响，他就更容易跌入绝望的深渊。男人总是在感觉被人需要的时候，受到鼓舞，充满动力。倾诉你的感受，可以唤醒深渊中的男人，让他充满力量，战胜心中的恶魔。或许当时他会讨厌听到别人的这些感受，但以后就会感谢家人朋友对自己的帮助和支持了。

### 走出过去的影响

如果男人一直都压抑着心中的某些情绪，不肯释放，那么久而久之，就会出现自我毁灭的倾向。当男人或女人表现出自我毁灭的举动时，一定要意识到单靠自己的力量是无法好起来的。在这种情况下，他们需要寻求外界的帮助。如果小时候的成长环境一直压抑着他们的情绪，那么就需要在一个良好的外在环境中去打开他们的心扉，让他们表达出自己的情感。这个时候也是男人最需要咨询师或互助团体的时候。

> 某些情绪若是一直被压抑着，就会造成自我毁灭的倾向。

如果一个男人是在一个充满惩罚与责备的环境中长大，那么他表现出的自我毁灭倾向会特别严重。每当他感受到失败的耻辱时，就会开始自我惩罚。要想摆脱这种惩罚的倾向，他就需要回想以前被惩罚或害怕被惩罚时的场景。只有感受到并疗愈了当时所产生的未了的伤痛，他才能打破这种自我惩罚模式。

### 通过酒精和药物来逃避

为了让自己的生活不再那么痛苦，男人可能会选择用大量的酒精和药物来逃避。如果他本来就会饮酒或长期服用药物，那么在心灵疗愈的关键期，就更难戒掉了。他会借助这些物质来刺激大脑，从而暂时麻痹痛苦的情绪。这么做会造成大脑和身体逐渐对这些物质上瘾。

刚刚失去至爱之时，我们最容易受到上瘾物质的诱惑。心灵受伤了，身体也会跟着痛苦，于是身体内部就会开始产生一种叫内啡肽的物质来缓解这种痛苦。

> 本书中所讲的心灵疗愈过程，有助于刺激缓解身体痛苦的内啡肽的自然分泌。

药物和酒精也会刺激内啡肽的分泌，但使用外部的刺激物会产生一个问题，即它们会导致身体本身停止自然分泌内啡肽。当我们没有喝醉或药物摄入量不够时，身体就会因此而承受巨大的疼痛。之所以会如此撕心裂肺，就是因为身体停止分泌能够缓解痛苦的内啡肽。这种物质会让我们打开心门，还会让大脑冷静下来。

远离这些易上瘾的物质后，男人可能就不得不面对自己的伤痛了，不过这些痛苦要远比停止摄入酒精或者药物所带来的身体和精神上的双重痛苦要少得多，制订一个戒除药（酒）瘾的计划，或是加入某个互助组织，他就有机会获得所需的帮助，不用陷入走投无路的境地。

### 开车逃离伤心之地

当男人无法感知内心的情感时，可能就会产生一种哀莫大于心死的感觉。于是，为了让自己再次活过来，他可能会迫切地想要离开。或许他会直接钻进车里，然后朝着日落的方向奔驰而去，但根本不知道要去往何处，只知道自己想赶快离开这里。

开车离开，就好像可以把所有的问题和苦恼都抛诸脑后。但很快他就会发现，这些问题会像影子一样挥之不去。就算离开了原来生活的地方，去到另一个城市，它们也会如影随形。即便暂时缓解了痛苦，也必须注意：千万不要将家人和朋友的帮助拒之千里之外。

> **内心未疗愈的情绪会像影子一样挥之不去，无论走到哪里都无法摆脱。**

当然，只要他能安全驾驶，而且也喜欢开车，这也很好。不过，与其就这样开车逃离，他更应该开车回家。只有勇敢地面对内心的情感，才能真正疗愈自己的内心。抛开所有爱自己的人也是一种自我毁灭倾向。

男人想要逃离，是因为他感受到自己不值得被别人珍惜和支持。但如果他能够勇敢地面对自己的朋友，他就能学到一生中最不可思议的课程之一——疗愈课程。他会惊讶地发现，即便觉得自己是天底下最不值得被爱的那个人，也还是会有人爱他的。

### 拿生命去冒险

当男人不断压抑心中的情绪时，能让他重新感受到生活魅力的唯一方法，就是去尝试一些惊险刺激的冒险。失去至爱之后，他可能会去爬山或赛车。只要能理智地保护生命安全，去冒点险没什么坏处，毕竟人们每天都会去冒险。抽空去爬爬山，去野外郊游，都是不错的选择，有助于他找回独立的状态。

在一个男人冒着生命危险去做某些事情的时候，他自然就会把所有的精力和能量都集中在求生的模式上。专注于生与死的问题时，就可以暂时不去想关于爱与被爱的需求了。和生命危险相比，失去至爱的痛苦也就瞬间显得微不足道了。为了保住生命，此刻他必须让注意力保持高度集中。也正是在这个时候，内心会涌动出可以完全感受到情感波动的无尽喜悦。

> **面对生命危险时，失去至爱的痛苦就会被自动压抑住。**

虽然这属于积极的逃离，但对心灵疗愈毫无作用，也不会纠正他压抑内心情绪的倾向。冒险的时刻确实可以让他暂时忘掉过去，但不会帮助疗愈曾经的伤痛。只要一脱离危险，那些未疗愈的情绪就会席卷而来。在冲向另一场冒险之旅前，他必须花时间去疗愈这些浮现的消极情绪。

通常情况下，很多人都不理解如果活在当下是最终宗旨的话，那为什么治疗师会那么重视过去发生的事情。其实，回顾过去是非常重要的，正是因为过去我们没有完整地感受过自己的情绪，所以才不能享受当下的美好时光。花时间去聆听自己过去的情感活动后，它们就不会干扰当下的生活了。理想的状态就是，能够完全活在当下，充分感受生活的魅力，而且无须身处危险之中，也能感受到内心真实的情绪。

**失去生命的力量**

男人关闭心门之后，可能会疯狂地和一些女人行房事，却根本不喜欢她们。心中因失去至爱而封住的能量，需要以性爱发泄出来。性爱可以让他再次感受到自己的情感。

男人可以通过性生活来缓解紧绷的情绪，在强烈的性爱刺激下，可以获得短暂的放松。虽然通过无爱的性行为来释放生命的能量，可能会让心情有所好转，但事后还是会感到痛苦。紧绷的情绪虽然得到了缓解，但心里会有一种惆怅的感觉。这种感觉其实并不是因为他进行了无爱的性行为，而是因为那些过去未了的痛苦又浮现出来了。

> 无爱的性行为可能会让心情有所好转，但事后的空虚与无奈又会涌上心头。

当受伤的情绪一直被压抑的时候，男人可能就会对性爱的愉悦如饥似渴。他会沉迷于情色电影、黄书以及过度自慰，也容易被女色所吸引，哪怕那些女人根本不是自己想要交往的类型。而且越是不可能到手的女人，就越会勾起他的性欲。在经历这些境遇之后，要想疗愈心灵的伤痕，他需要好好处理并疗愈心中涌现的羞愧、失落以及空虚等痛苦情绪。冲冷水澡、运动、上课以及看一些正能量的电影可以有效地控制过度的性行为。一天超过一次的性行为都可以算是性成瘾的现象。

**了结生命**

自我毁灭倾向的最终结局就是试图结束生命。试图自杀的女性远多于男性，实际上自杀成功的却是男性居多。男人在感觉难以承受生活压力与痛苦时，就会产生自杀的念头。其实往往都是因为失败的耻辱，让他想要去结束生命。他宁愿死也不愿意就这样面对自己的家人、朋友，更不愿意承认自己无能。同时，他也无法接受家人和朋友的帮助，觉得自己根本不值得他们相助。

当男人认为自己什么都做不了的时候，可能就会想了却余生。如果不能保住面子，那就只能去死了。如果女人想要自杀，通常都是因为她们得不到想要的，而这种痛苦就像无法填平的沟壑，已经大到自己无法承受的地步。此外她们更是感觉到走投无路，不知道自己还可以做什么。但女人想要自杀时，她们一般都会告诉别人，这是她们表达渴望得到帮助的一种方式。

> **感受到失败的耻辱后，男人可能会觉得自己只能以死谢罪。**

男人之所以会选择自杀，通常都是因为不知道自己能做什么，甚至还认为自己的存在只会让情况变得越来越糟，反倒害了别人。与其面对失败的后果，还不如一死了之。他无法承受让爱的人失望。只要一想到就是因为自己的存在而让问题恶化，自我了断就会成为他解决问题的最好方法。

男人和女人想要自杀的普遍原因，是他们把死亡当作逃避痛苦的一种方式，想要永远地抛开痛苦。

自杀的真正动机，其实是他们渴望远离痛苦，想要再次找回心中的幸福与平静。

有一种方法可以改变自杀倾向：坦承自己"想要死"的心情，再深入地思考，问自己"为什么想要结束生命"，这时答案总是会倾向好好地活下去，就比如："我想要远离痛苦，不想再伤害别人了，想把所有的困恼都抛诸脑后。我想要自由，想要永远幸福快乐，想要一直平平静静地生活。"

在了解了自杀动机背后的这些积极的生活目标，我们就可以开始处理四种疗愈性情绪。与我们活下去的渴望建立联结后，与我们的四种情绪——生气、悲伤、恐惧和遗憾建立联结就相对比较简单。这些都是我们可以独自做到的，但在能够熟练地使用这些技巧之前，最好的方法就是找一位心理咨询师来加以辅助。

## ♥ 23. 找回付出的能力

失去至爱之后，男人会面临各种各样的不安全感。在工作面前，他可能会充满自信，但只要再次约会，心中就会产生各种恐惧。不管上段恋情是如何结束的，他都会对再次约会感到局促不安。

如果一个男人已经超过 40 岁，他就会对约会感到非常尴尬。如果他曾经有过一段婚姻，那么现在他可能都不知道该从何处着手，从哪儿去找自己的结婚对象。约会的方式发生了很大的变化，当今的年轻女性对约会有了新的需求和不同的期待，所以他需要花时间找回自信，然后才能顺利地约会。

> **现在的约会方式相比以前已经发生了翻天覆地的变化。**

如果一个男人单身或处于情感疗愈阶段，都没有进入另一段稳定的关系当中，那么他需要找到简单有效的约会模式。渐渐地，他会找回自信，意识到自己拥有约会的能力。当他开始感觉自己有能力征服一个女人时，就是他最有把握能找到灵魂伴侣的时候。

但假若他的主要目标就是想找一个性伴侣，享受云雨之欢，那么他就会降低自己在约会中获得成功的机会。如果能够发现并体会到进一步了解对方，可以收获除性爱之外的更多东西，那么他就更能适应当前的单身状态。

### 与年轻的女人约会

如果一个男人已经年过四十，同时对自己的单身状态并不怎么满意，那么他就会不由自主地被年轻的女性所吸引。这些女性的年龄和涉世未深会让他感到自己更具有竞争力，充满了力量。而当一个女人20多岁时，她也会更容易被年长的、有能力的男人所吸引，因为他会比她同龄的男人更加成熟，尤其是在她感到不安，希望有一个人支持她的时候。

与年轻的女性约会没有什么错，而且确实可以让他掌控自己的生活。在和她们交往的过程中，他会觉得自己更年轻、更有活力。其实我们可以把它看作是男人与自己的过去建立联结的一个阶段或一个机会。通常情况下，男人年轻的时候都不会有年长男人那般自信。当年长的男人再次感觉到年轻且又有成熟男人的魅力时，他就会感觉无比自信和有存在感。

和年轻女性交往肯定会存在问题。其中一个问题就是随着她们一天天地成熟，情况会跟着改变。一个女人接近30岁的时候，她体内的雌性荷尔蒙就会开始变化。她变得不像以前那么随和、好商量，自我意识也变得更强，不会再轻易为了爱人的需求而违背自己的意愿。

> 一个女人接近30岁的时候，她体内的雌性荷尔蒙就会开始变化，于是她变得不像以前那么随和、好商量。

另一个可能出现的问题就是吸引。对一个与自己处于不同成熟阶段的女人一直保持兴趣是很困难的。除非他的心态非常年轻，而她的心态也比同龄人更加成熟，否则过了最初荷尔蒙的冲动期，他们就会失去对彼此的兴趣。为了确保自己是在和对的女人交往，男人必须注意，不要过早决定和年轻的女人结婚。他需要用时间来培养自己付出的能力，确保当前的恋人就是适合自己的女人。

### 如果你不能行房事

在为爱重新出发的过程中，几乎每个男人都会经历没有能力行房事的尴尬。为此他会惊慌失措，唯恐自己的身体出了什么问题。其实不用担心，这只是他的身体告诉他，他还没有准备好发生性行为。他的身体告诉他要放慢速度，不要急着"切入主题"。

即便他感觉自己对性很饥渴，但是当机会摆在他面前时，他或许是不能勃起，或者是勃起的时间太短，或者是早泄，又或者虽能勃起却无法进入。以上任意一种情况发生的时候，男人就会误以为自己的身体出了问题。其实他应该意识到，真正的原因只是他还没有为发生性行为做好准备。

> 一个男人没有能力行房事的时候，通常这是一个信号，表明他应该放慢速度。

如果他一直为某些痛苦所困扰，那他就无法满足心仪的女人的性需要。他可能在独自淋浴进行自慰时表现得很好，一旦要和自己心仪的女人有性行为，他的身体就不"工作"了。在他准备好之前，如果强迫让自己的身体"工作"只会让情况更加糟糕。

如果前几次行房事一直都没有成功，那么在下次继续尝试的时候，他的忧虑就会显著增加。如果他能意识到这只是他的身体向他传递了一个信号，那就太好了。当他疗愈了自己的过去，他的性能力就会完全回来。

### 拯救女人

当男人还不能完全付出的时候，通常会喜欢身处困难中的女人。要是他能拯救这个女人，他就能再次感受自己的力量。这个主意听起来不错，但他必须注意的是：他可能会变得要依赖她才能感受到自己的自信与力量。所以最好的方法就是先感受自己完全付出的能力，再投入亲密的两性关系。

依靠女人来体会自己的强大，并不是真正的力量。她的需求只能暂时让这个男人摆脱无力的感觉。当他有办法解决女人的问题时，他可能马上就浑身充满力量。即便正处于痛苦之中，他也会立马感觉好起来。这样的浪漫充满了激情，却非长久之计。

> 当男人有办法解决女人的问题时，他可能马上就浑身充满力量。

一旦这个女人不再感到绝望无助，也不需要他来解救时，这种吸引力就会减弱。其中一方可能就会发现两个人其实并不合适。事实上，男人在不和女人发生性关系的前提下，向她伸出援手，也可以感受到同样的力量。这样，即使发现两个人并不合适，也可以轻松地离开。

### 找一个像妈妈一样和蔼可亲的女人

在恢复付出能力的过程中，男人常常还会喜欢像妈妈一样亲切的女人。这样的女人会帮助他重新感受到儿时的一些伤痛。只是一旦伤痛被疗愈了，他通常会发现她并不适合自己。

如果这个男人心中还留着儿时未疗愈的伤口，那么他很可能会被这种把他当作小孩子一样安慰的女人所吸引。如果当初他一直希望母亲能以某种方式来对待他，那么现在他就会想要这个女人用这种方式来对待他。一旦痛苦得到了抚慰，他就会对她失去兴趣。即便是最好的情况，他也会时而有兴趣，时而兴致全无，变化无常。

> 男人如果在疗愈的过程中喜欢上了一个像妈妈一样和蔼可亲的女人，这种喜欢通常都是短暂的。

他们最后要是结婚了，情况会变得更加复杂。他会不自觉地开始把心中未疗愈的情绪都投射到这个女人身上。如果他觉得需要她来扮演母亲的角色，那么小时候所有未疗愈的情绪都会投放到她的身上。于是，他对母亲的所有感受，都会变成对她的感受。

比如说，如果他仍然有未能解决的愤怒和受伤的感受，那么在他们的关系中，他会对她的言行举止过度敏感，同时还会因此变得脆弱，容易受伤。他还会对她的言行报以极其愤怒的回应。当下的两性关系几乎都会受到过去的影响，所以男人在对这段恋情做出承诺之前，必须格外注意：他并不是在找一位母亲来疗愈自己的痛苦。

> **在心灵疗愈期发生性关系会更容易让我们把过去的消极情绪都投射到对方身上。**

和一个像妈妈一样和蔼可亲的女人发生性关系，并在心灵疗愈期间就对其许下山盟海誓，这无疑给恋情增加了沉重的负担，甚至还会阻碍疗愈的自然进程。如果过度地依赖这个女人，那么男人恢复独立状态和再次感受到自己力量的时间就会被延缓。虽然这段关系让他得到了治愈，但不久他就会知道自己被约束了。

如果男人在心灵疗愈期间喜欢上像妈妈一样和蔼可亲的女人，那么他应该马上寻求女性治疗师的帮助。一来女性治疗师可以给予他一直在寻求的关怀，二来他也能增强独立性及力量感。这样，他就可以在对恋情做出承诺之前，先给自己一段时间去找回付出的能力。

> **当男人需要一个母亲般的女人时，最明智的做法就是去找一个女性治疗师。**

以上案例都呈现了男人因想要感受到自己的力量而被某个女人或场景所吸引。其实，只要他注意不要轻易在心灵疗愈期间向对方许下山盟海誓，这种倾向也就没有什么限制了。

如果暂时不考虑承诺，那么男人就能自在地体会到自己付出的能力，且不会感觉到太过依赖。尽管有时候确实需要为自己做出一些限制，但当他能够为别人付出而不会过于依赖他们的时候，这个男人就会感到浑身充满了力量。最终，自信也会重新建立起来，这不仅会给约会的过程增添很多的乐趣，而且可以让他为美好的两性关系做好充分的准备。感知到自己这种付出的力量，他就能永远保持心中的激情了。

不用做出一生的承诺就能体验到自由的性爱表达，对男人来说是一种莫大的荣幸。一个女人对他无条件的性爱支持，可以帮助他感受并疗愈伤痕累累的情感依恋。完成心灵疗愈后，他就能为爱再次扬帆起航，找到共度一生的灵魂伴侣。

# 后 记

## 面对人生的十字路口

为爱重新出发时，男人和女人都会站在一个十字路口。一条路向上，通往光明、爱与希望；一条则朝下，通向黑暗、绝望和空虚。向上走的路在一开始的时候会有些难走，我们不仅要感受心中的痛苦，学习新的疗愈方法，也要不断自我挑战，做最好的自己。向下的路开头则会走得比较轻松，之后就会变得越来越举步维艰，苦不堪言。虽然这条路确实能够缓解痛苦，但无法疗愈心灵，把我们带回家。

再次冒险追逐爱情的过程中，你不仅会变得更加坚强，也会更加温柔体贴。勇敢面对心灵疗愈的挑战，会让你走出过去，迈向未来，找到更好的伴侣。当一颗心充满了爱的温暖时，你就能挖掘出自己所有的潜能，同时也会实现内心最深的宗旨：爱与被爱。

你不是这种恩惠的唯一受益者，你的孩子也会受益。如果他们的父母一直处于伤痛之中，那么他们心灵的某一部分也会受伤。天下父母都希望知道自己能为孩子做些什么。其实他们能给孩子最好的礼物就是做个互爱和心灵疗愈的榜样。你在疗愈伤痛的时候，孩子自然也能在爱的沐浴中成长。只要你疗愈并放下痛苦，他们的负担也就能烟消云散。

如果你没有疗愈，孩子就会承受这些痛苦。当疗愈让你痛苦不堪，甚至想要放弃的时候，请记住你也是为了孩子。你不仅是在帮自己，也是为了他们从无边的苦海中得到解脱，从此都能生活在安全温馨的环境中。

花时间来阅读《为爱，重新出发》这本书，你就已经对此做出承诺，你要走完疗愈的旅程，并让自己的心灵重新回家。尽管这个阶段可能是你一生中最痛苦的时光，但走完这个旅程，再回过头来看的时候，你会非常感激疗愈所带给你的。通过疗愈心灵，你会变得比以往更加强大、坚强。痛苦会过去，而你将会翻开全新的生活篇章，感受到更多的爱、理解与同理心。以后的新生活会比你想象的更加美好！

就算你从失去至爱算起已经好多年了，只要改变了自己的观念，任何时候开始进行自我疗愈都不会晚，你可以从此开始新的生活，并收获真正持久的爱情。就算你已经犯了本书中提到的某个或者某些错误，你仍然有机会获得真爱。

## 学会放下

理查德结束了 23 年的婚姻。他很年轻的时候就结婚了。23 年后才认识到自己当初选错了女人。他非但没有抽出时间去疗愈自己的心灵，反而开始了一段又一段的恋情，几乎犯了本书中提到的所有错误。

一旦他想对某个女人做出婚姻的承诺，他的疑虑就会突然浮现，然后他就会去和其他女人接触。3 年的时间里，他和 6 个女人谈过恋爱，但就是无法下定决心，做出承诺。每个女人身上都有他喜欢的优点。选择其中一个，就意味着必须放弃其他几个。他认为与其选一个，还不如不要确定正式关系。参加了一次"火星金星心灵疗愈"课程后，理查德开始疗愈心灵的伤口，这一次，他获得了很大的突破。他意识到他无法开始一段新的关系是因为他一直没有放下前妻。疗愈了对前妻的消极情绪，他就能够改变自己的约会模式了。真正结束自己的上一段婚姻，他也能够非常完美地开始另一段恋情。

一年之后，他找到了属于自己的完美女人，并真正体验到了长相厮守的爱情。当他真正准备好去恋爱的时候，他发现适合自己的女人其实就和自己住在一条街上。而这一次，做出承诺对他来说已经不是什么难事了。

## 寻找宽恕

露西有过一段被背叛的婚姻。前夫爱上了秘书，并把她抛弃了。当初的她绝望透顶。为了重建自信，露西开始到处和别人约会。被男人欣赏和爱慕让她感觉很好，但这些对她来说还远远不够，而且也永远都不会够，因为她一直深陷在上一段婚姻的伤痛中无法自拔，不知道该如何处理并疗愈伤痛。

最终她决定专注于自己的事业和孩子，并决定再也不结婚。9年之后，她获得了一定程度的满足，但是总感觉自己好像缺失了什么。参加了一次"火星金星心灵疗愈"课程之后，她发现原来自己一直被那些未疗愈的伤痛所困扰。通过学习并感受到四种疗愈性情绪，露西最终找到了宽容，也感受到了对爱情的积极渴望。

露西一度以为自己再也不会找到真爱，经过一段时间的心灵疗愈后，她发现自己是有机会的。改变这个态度后，就在6个月内，她邂逅了自己的真命天子。只有疗愈了心灵的伤口，她才能够为爱重新出发，找到属于自己的幸福。

### 选择再次去爱

在给自己装备《为爱，重新出发》一书中简单易行的"武器"之后，现在的你有机会来重新驾驭自己的生活。现在，你的旅程有了新的指导手册。我希望这本书可以如同智慧的导师一般帮你找到想要的答案；又似挚友伴你左右；还会宛如天使，在你痛苦的时候给你带来宽慰，让你知道还有很多人爱着你，你没有被遗忘，你的祈祷终会获得回应。

回家的途中，你会获得需要的支持，做最好的选择。旅途中的每一个十字路口，请记住你在疗愈心灵的同时，也是在把爱带回到这个世界。选择再次去爱，不仅仅是为了你自己，也是为了你的孩子、朋友，甚至是整个世界。请时刻铭记你的爱是必不可少的。非常感谢你与我一起分享你的旅程，也非常感谢你给我这个机会让你的人生从此不同。

ACKNOWLEDGEMENT **鸣 谢**

我要感谢我的妻子邦妮，她又一次陪伴我一起走完创作这本书的整个旅程。

我还要感谢我们的三个女儿——香农、朱丽叶和劳伦，感谢她们一直以来对我的爱和支持。还要特别感谢海伦·德雷克，在我写这本书的时候，她把我的公司管理得井井有条。

我要感谢我的家人和朋友们，他们给了我很多的建议和非常有价值的反馈，他们是：我的母亲弗吉尼亚·格雷，我的兄弟戴维·格雷、威廉姆·格雷、罗伯特·格雷和汤姆·格雷，我的姐妹罗伯特和克伦·约瑟夫森，苏珊和迈尔克·纳贾里安、勒妮·斯威斯科，伊恩和埃利·科伦，特鲁迪·格林，坎蒂丝·富尔曼，巴特和美林·亨卡特，拉米厄尔·巴拉修，桑德拉温斯坦，罗伯特·博德里，吉姆·普赞，隆达·克里尔，吉姆和安娜·肯尼迪，艾伦和芭芭拉·盖博，克利福德·麦圭尔。

我要感谢我的国际出版经纪人琳达·迈克尔斯，是她让我的书得以在全世界范围内以 40 多种语言出版。

我感谢我的编辑黛安·内华德，感谢她非常专业的反馈、指导和建议。我感谢戴维德·斯坦伯格——哈柏·柯林斯出版集团的总裁，还有简·弗里德曼，感谢她们的指导和支持。我还要感谢卡尔·雷蒙德、玛丽莲·艾伦、劳拉·伦纳德、戴维德·弗洛拉、克丽丝塔·史特维，以及哈柏·柯林斯出版集团的其他成员对我的巨大帮助，再也找不到比他们更好的团队了。

我感谢安妮·盖迪利尔、里克·哈里斯、约翰·克洛依，以及哈柏摄影公司的全体成员，道格·尼科尔斯、苏珊·斯通，还有俄罗斯希尔音像公司的全体成员，他们精心制作了与这本书配套的视频。

我要感谢我的很多学生将"火星金星心灵疗愈"课程带到全球的各个国家和地区，我也要感谢这几十年来全球各个国家和地区的单身人士或者是夫妻参加了我们的"火星金星心灵疗愈"课程。我同样也要感谢我们的很多火星金星教练，他们在咨询过程中一直沿用我的火星金星理论，并且帮助数以亿计的人改善了他们的两性关系，并提升了他们的生活品质。

最后一个特别的感谢送给我在中国地区的经纪人武向阳，因为他，数以百万的中国朋友接触到了火星金星理论。